AF461078

CONFÉRENCE ECCLÉSIASTIQUE

DU

DIOCÈSE DE SAINT-BRIEUC

Pour le mois d'Août 1875.

PROGRAMME

Donné par l'Illustrissime et Révérendissime

Monseigneur AUGUSTIN DAVID

Evêque de Saint-Brieuc et Tréguier

DE L'ORIGINE DU POUVOIR CIVIL

« Le pouvoir civil reçoit-il de Dieu sa forme gouvernementale, monarchie, oligarchie, république, etc. ? — Qu'est-ce que le droit divin immédiat ou médiat ? — Est-il un seul pouvoir qui ne tire sa force du droit divin immédiat ou médiat ? — En supposant que le peuple ait le droit de choisir son gouvernement, s'ensuit-il qu'il puisse être souverain ? — Quelle est la doctrine de Saint Thomas sur l'origine du pouvoir civil ? »

DE L'ORIGINE

DU

POUVOIR CIVIL

§ I. *Tout pouvoir légitime vient de Dieu et lui est soumis dans tous ses actes.*

Il n'est pas un seul pouvoir légitimement établi qui ne tire sa force du droit divin immédiat ou médiat. Cette vérité appartient aussi bien à la raison qu'à la foi.

En effet, Dieu est le créateur et le souverain maître de toutes choses ; il est le conservateur de toutes ses créatures. Il est l'auteur et l'instituteur des deux ordres de sociétés : — 1° La société surnaturelle de l'homme avec Dieu a été la première créée, et constituée avant même la création de la femme ; c'est l'Eglise dans son premier état ; elle est par conséquent antérieure et supérieure à toute société purement humaine. Avant comme après la venue sur la terre de Jésus-Christ chef immédiat de l'Eglise, le pouvoir est conféré par Dieu lui-même immédiatement au chef visible de la société surnaturelle. — 2° En créant la première femme, Dieu constitua directement et immédiatement la première société naturelle, la société conjugale ou la famille. Il la créa et la constitua dans l'Eglise, et pour l'Eglise, dont elle devait multiplier les membres destinés à mériter le bonheur divin et à en jouir. — 3° Ces deux sociétés, l'Eglise et la famille, sont les seules créées et intituées immédiatement par Dieu. Les autres sociétés n'en sont que des dérivations naturelles dans leur principe et leur développement nécessaire, mais dont la forme procède et dépend des conventions humaines. Ces conventions dès lors, et les formes sociales et gouvernementales qu'elles constituent, sont nécessairement soumises à la loi naturelle et divine par lesquelles existent leur principe et leur source.

4° En effet l'humanité a d'abord existé à l'état de famille, longtemps avant d'arriver à se constituer à l'état de nations. La nation, l'étymologie et l'histoire le montrent, n'est que la réunion des familles nées d'une souche originelle, et reliées entre-elles par des intérêts et des devoirs communs, par une défense et une protection mutuelles. Tel est le but naturel, la raison d'être de toute constitution nationale, protéger et défendre tous les intérêts, tous les droits des familles qui forment la nation. Les gouvernements ne peuvent être qu'une extension, un développement de l'autorité paternelle ; ils existent pour les peuples, pour les nations et pour les familles qui composent celles-ci. Les gouvernements sont avant tout tenus à des devoirs, ils leur sont imposés par la loi de Dieu, de laquelle découlent leurs droits comme ceux de leurs sujets. Nul état gouvernement n'est donc et ne saurait être de soi l'origine, ni la source d'aucuns droits, il en est seulement le régulateur. Le droit de tout gouvernement est circonscrit et limité par ses devoirs, par les droits de ses sujets, et les droits de ceux-ci ne sont que les devoirs réciproques que les membres d'une nation qui n'est que la famille agrandie, se doivent entre-eux. Or ces devoirs réciproques des familles et de leurs membres et par conséquent des nations, sont nécessairement réglés par le but et la fin, tant naturels que surnaturels, que la sagesse infinie du créateur a voulus en créant l'humanité. Donc les nations comme leurs gouvernements, quelle qu'en soit la forme, sont nécessairement soumis à la loi naturelle et divine. Les devoirs et les droits réciproques des nations et de leurs gouvernements sont nécessairement réglés par ces deux lois, qu'ils ne peuvent violer sans s'éloigner de leur but et de leur fin, sans faire violence à leur nature et s'exposer à périr. Voilà ce que l'histoire, ce que le simple sens commun, ce que la vie entière de l'humanité, mettent en évidence. Tout ce qui contredit à ces simples vérités est faux, absurde.

Le droit divin positif confirme et promulgue toutes ces conclusions du droit naturel. D'abord par les faits : Dieu a voulu donner, dans l'histoire de son peuple élu, un exemple complet de tous les droits et devoirs des diverses formes de société et de gouvernement.

Pour prévenir l'objection que la constitution de ce peuple fût spéciale et qu'elle ne touche en rien le reste de l'humanité, rappelons la parole de l'Esprit-Saint : « Toutes ces choses leur arrivaient en figure ; elles ont été écrites pour notre correction (I cor. X, 11) ; car toute écriture inspirée de Dieu est utile pour instruire, reprendre, corriger et conduire à la justice (II Timoth. III 16). » L'Eglise dans ses décrets et les théologiens l'ont ainsi compris et expliqué ; puisqu'ils ont vu dans la constitution du peuple d'Israël, en réservant ce qu'elle eût de particulier et d'exclusif, tous les principes de gouvernements quels qu'ils soient. Ainsi Saint Thomas. 1^a 2^{ae} q. CV. ar. I, etc. Bellarmin, de Romani Pontificis Ecclesiastica hierarchia L. I. Ch. III. Suarez, de leg. L. III. C. I. N. 2. — Decretal, L. I. Tit. II, C. III. « Translato sacerdotio, necesse est ut legis translatio fiat, etc., etc.

Dieu donc fait commencer son peuple particulier par une seule famille, celle d'Abraham, qui y exerce l'autorité paternelle et royale ; il a pour successeur son fils Isaac et son petit-fils Jacob. Les douze fils de Jacob se multiplient en Egypte où, au bout de 430 ans, ils étaient six cent mille hommes capables de porter les armes, sans compter les femmes et les enfants. Jusque là, ce fut l'état patriarchal. Après la mort de Joseph les chefs de famille ou de tribus s'entendaient sur tous les intérêts communs ; c'est à eux, les anciens d'Israël, que Moïse est envoyé de la part de Dieu. Cette période offre donc le gouvernement aristocratique ou oligarchique pur, dérivant de l'autorité paternelle dans la famille.

§ II. *La forme gouvernementale est laissée à l'arbitre humain.*

C'est au Sinaï que Dieu constitue son peuple en nation gouvernée par un seul chef, et ce chef fut Dieu lui-même. Il propose à Israël d'être son royaume sacerdotal et sa nation sainte, et il lui donne une constitution et une législation purement temporelle et civile; le peuple accepte Dieu pour son roi (exode XIX et XXIV). Ce qu'exprime très-nettement le Deutéronome, chapitre 33, v. 4 et 5 : « La loi sera le roi tant que Jacob aura le « cœur droit, et que les princes du peuple seront « unis avec les tribus d'Israël. » Voyez, l. judic. VIII, 23. I Reg. VIII.

Dieu gouvernait ordinairement par les grands prêtres et extraordinairement par les juges, qu'il suscitait quand il était nécessaire. Mais les princes des tribus et les chefs de famille gardaient leur autorité et leurs fonctions sous la loi et sous la souveraine judicature du Grand prêtre (Deuter. XVII, 8-13). Cela dura ainsi jusqu'à Samuel, cinq cents ans au moins après la sortie d'Egypte. Alors le peuple demande un roi homme; mais, en vertu du pacte du Sinaï, c'est Dieu qui choisit le roi qui sera son vicaire au temporel. Au chapitre 17 du Deutéronome, Dieu avait à l'avance prescrit comment le roi choisi par lui, serait constitué, recevant de la main des prêtres et transcrivant la loi de Dieu qu'il devra observer, se reconnaissant le frère de ses sujets, afin de ne point s'élever, par orgueil, au-dessus d'eux. Dieu donc choisit Saül et le fait sacrer par Samuel; mais le peuple est ensuite rassemblé pour reconnaître Saül comme roi; et pendant un certain temps plusieurs tribus ne le reconnurent pas, mais l'esprit du Seigneur s'empare de Saül et lui soumet toutes les tribus. Saül ayant mérité d'être rejeté de Dieu pour avoir voulu usurper les droits du sacerdoce et ses fonctions, le Seigneur envoie Samuel sacrer David roi. Celui-ci néanmoins ne doit régner qu'à la mort de Saül, et il punit celui qui se vantait de l'avoir tué, parce que Saül était l'oint du Seigneur. Mais la tribu de Juda seule reconnaît d'abord la royauté de David. Pendant plusieurs années les autres tribus méconnaissent David; ce n'est qu'après de nouvelles manifestations de la volonté divine que David règne sur tout Israël. Après Salomon, et en punition de son idolatrie, dix tribus se séparent de son fils Roboam, et se constituent en royaume indépendant; et Dieu défend à Roboam et à ses armées de marcher contre ce royaume, auquel il donne Jéroboam pour roi. Ces mêmes faits se retrouvent dans toute l'histoire du peuple de Dieu. Voici donc deux grands faits décisifs : 1° Dieu gouvernant immédiatement, puis déléguant ses vicaires rois pour exercer son autorité, et proclamant par là que tout pouvoir légitime vient de lui; car l'acceptation du peuple au Sinaï ne conférait bien évidemment aucun pouvoir, aucune autorité à Dieu. 2° mais second fait, Dieu demande pour lui-même et pour ses délégués la reconnaissance du peuple, montrant par là qu'il permet à l'arbitre humain de choisir la forme sous laquelle s'exercera le pouvoir politique, dont Dieu est la source, et de désigner les personnes qui l'exerceront ; mais une fois ce choix fait, il n'appartient plus au peuple de changer sa constitution sans le consentement du souverain. Telle est l'histoire et la doctrine.

Les enseignements divins confirment pleinement : Dans un grand nombre de psaumes Dieu se déclare roi et le maître des rois, et spécialement au psaume XLVI, le prophète invite toutes les nations à applaudir et à se réjouir « parce que « le Seigneur est le roi suprême de toute la terre... et que Dieu règnera sur toutes les nations.» et dans Isaïe, ch. XXXIII : « Le Seigneur est notre « juge, le Seigneur est notre législateur ; le Sei« gneur est notre roi : c'est lui qui nous sauvera.» L'Ecclésiastique, ch. I, 8 : « Il n'y a que le Très« Haut qui comprenne la sagesse, le Créateur tout « puissant, le Roi puissant et infiniment redou« table, qui est assis sur son trône, le Dieu sou« verain dominateur de toutes choses. » et ch. XVIII, 1. « Celui qui vit éternellement a créé « toutes choses ensemble, Dieu seul sera reconnu « juste, et il est le roi invincible qui subsiste pour « jamais. » — Daniel, ch. IV, 14, etc. « Le Très« Haut domine sur les royaumes des hommes, il « les donne à qui il lui plaît, il établit roi, quand « il veut, le dernier d'entre les hommes. » Et dans le nouveau testament, Saint Jacques, ch. IV, 12 confirme la même vérité : « Il n'y a, dit-il, qu'un « législateur et qu'un juge, qui peut perdre et qui peut sauver. » Et Saint Paul aux Romains, 13 : « il n'y a point de pouvoir, si ce n'est de Dieu. » — Dans l'apocalypse Jésus-Christ est appelé ch. I, 5 « Le prince des rois de la terre. » XVII, 14: « Le Seigneur des Seigueurs et le roi des rois. » XIX, 16 « et il porte écrit sur son vêtement et sur sa cuisse : le roi des rois, et le Seigneur des dominateurs. » C'est donc une vérité de foi divine que Dieu est le roi suprême, le législateur souverain, le dominateur tout-puissant des anges et des hommes ; que Jésus-Christ est le roi des rois de la terre et il donne les royaumes et le pouvoir à qui il lui plaît ; et il n'y a point de pouvoir, si ce n'est de Dieu.

---

§ III. *Qu'est-ce que le droit divin immédiat ou médiat ?*

Dans l'ordre surnaturel de l'Eglise, l'évangile, interprêté par la tradition catholique, distingue et le saint concile de Trente, canon VII session XXIII, définit nettement deux choses : les pouvoirs divins que Jésus-Christ confère directement et sans intermédiaire dans le sacrement de l'ordre à tous ceux qui le reçoivent, et la mission qui permet de déployer les pouvoirs reçus dans le sacrement et de les exercer. La mission universelle fut donnée immédiatement et directement à tous les Apôtres par N. S. Jésus-Christ ; mais, dans tous les autres cette mission fut extraordinaire et transitoire pour fonder l'Eglise ; elle périt avec chacun d'eux, et aucun n'a eu de successeur individuel. Saint-Pierre seul reçut la mission divine universelle ordinaire et perpétuelle, Jésus-Christ ayant attaché cette mission, nécessaire à son église, à la primauté et principauté, à l'épiscopat, au siège de Pierre, une fois pour toujours. Il suit de cette institution divine qu'au Pape qui succède à Pierre dans son siège, est par cela même assigné de droit divin tout le troupeau du Christ, et qu'il reçoit avec l'épiscopat le pouvoir de gouvernement universel. (Bref dogmat. de Pie VI, *super soliditate*, du 28 nov, 1786). Le pape donc possède dans l'église tous les pouvoirs, toute la mission, toute la juridiction immédiatement de droit divin, les recevant de Jésus-Christ sans intermédiaire. Les autres évêques reçoivent aussi les pouvoirs divins immédiatement de Jésus-Christ dans le sacrement, mais la mission divine qui leur permet de déployer ces pouvoirs et de les exercer, il la reçoivent du Pape; en conséquence leur juridiction n'est point de droit divin immédiat mais médiat, le pape étant, par la constitution divine de l'Eglise, l'intermédiaire qui posséde la juridiction universelle, immédiate et ordinaire sur toute l'église, (conc. du Vatican, const. *pastor æternus*,) et duquel ils reçoivent une portion dc son troupeau à gouverner sous son autorité.

Dans l'ordre naturel du gouvernement temporel et civil des nations nous trouverons quelque chose d'analogue avec de graves différences. Pour saisir ces analogies et ces différences il faut établir l'ordre logique des vérités de foi et des vérités certaines.

1re Proposition certaine. L'homme est de sa nature un être social ; c'est dans l'état social qu'il atteint son développement le plus complet et le plus parfait ; donc la société est son état naturel. D'ailleurs en dehors de cet état, l'humanité ne tarderait pas à périr. Partout où se sont trouvés des hommes, on les a rencontrés vivant en société plus ou moins parfaite ou dégradée, mais à l'état social en ce qu'il a d'essentiel.

II *Proposition de foi.* La magistrature civile avec pouvoir temporel pour régir les hommes est une chose juste et très-conforme à la nature humaine. — Cette conclusion est certaine de foi, dit Suarez. — On la formule aussi bien en ces termes : Il est de la nature de la société civile d'être gouvernée par un pouvoir ou principat politique qui est juste et légitime.

Nous tirons de la Sainte-Ecriture les preuves de la proposition de foi. 1° Dieu en constituant son peuple en nation au Sinaï l'établit sous un pouvoir politique qui gouvernait ses intérêts temporels ; il voulut lui-même être le prince temporel de son peuple, et il exerça le pouvoir politique par ses lieutenants divers. 2° nous lisons dans les proverbes, XI, 14 : « Là où il n'y a point de gouverneur, le peuple succombe. » C'est donc non-seulement une vérité de raison, mais encore l'enseignement du Saint-Esprit, qu'un gouvernement est nécessaire à toute nation. Au même livre, XX, 8 : « Le roi qui est assis sur son trône pour rendre la justice, dissipe tout mal par son seul regard. » et au chapitre XXIX, 4 : « Le roi juste « fait fleurir son état... 14. Lorsqu'un roi juge les « pauvres dans la vérité, son trône s'affermira

« pour jamais. » Sagesse VI, 26 : « Un roi sage est le soutien de son peuple. » — Cette nécessité du pouvoir politique est impliquée dans le stricte commandement que Dieu fait par l'Apôtre Saint Paul, aux Rom. XIII, 1 et suiv. « Que toute âme « soit soumise aux puissances supérieures, car il « n'y a point de puissance, si elle ne vient de Dieu, « et celles qui sont sont ordonnées sous l'auto- « rité de Dieu ; c'est pourquoi celui qui résiste à « une telle puissance, résiste à l'ordre de Dieu ; « mais ceux qui résistent attirent sur eux la con- « damnation... car les princes sont les ministres « de Dieu pour le bien et pour punir le mal. Il est « donc nécessaire de vous y soumettre, non seu- « lement par la crainte du châtiment, mais aussi « par le devoir de la conscience. » Saint Pierre, en sa I épître, ch. II, 13 conclut : « Soyez donc soumis, « pour l'amour de Dieu, à tout homme qui a auto- « rité, soit au roi comme au souverain, soit aux « gouverneurs, comme étant envoyés par lui, « pour punir ceux qui font le mal, et pour louer « ceux qui font le bien. »

3° Les saints Pères et les saints canons que nous citerons à la proposition suivante, prouvent la même vérité.

4° La raison prouve la même chose ; en effet, non seulement la société civile est légitime et juste mais encore elle est moralement nécessaire ; elle est l'état naturel de l'homme ; donc aussi le pouvoir politique est légitime, juste et nécessaire puisque nulle société humaine ne peut subsister sans un gouverneur qui dirige les volontés de tous vers la fin et qui réprime par le châtiment ceux qui nuiraient aux intérêts communs.

III *Proposition de foi.* 1° le pouvoir civil, ou le principat politique considéré en lui-même, et en dehors des hommes appelés à l'exercer, vient de Dieu, qui est seul souverain par essence et la source de toute souveraineté et de tout pouvoir; et ceux qui exercent légitimement le pouvoir sont les ministres de Dieu.

2° La prétendue souveraineté du peuple est une hérésie, puisqu'elle est la négation contradictoire de la souveraineté de Dieu. — C'est dans le *contrat social* que Rousseau pose le principe absurde de la souveraineté du peuple, premier germe de tous les fléaux qui depuis désolent les deux mondes : (*biographie univers.* Art. Rousseau.) Ce contrat social dont la souveraineté du peuple est pour ainsi dire toute la substance a été condamné par Clément XIII, le 16 juin 1766, comme hérétique, etc., et sa lecture défendue sous peine d'excommunication.

Preuves. Nous lisons au ch. XXXVI, de Job, 7 : « Dieu établit les rois justes (c'est-à-dire qui « sont rois par l'ordre de justice) sur le trône; « c'est toujours par lui qu'ils sont élevés ; » et au ch. VIII des proverbes, 15, 16 : « Les rois règnent « par moi, et c'est par moi que les législateurs « ordonnent ce qui est juste ; les princes comman- « dent par moi; et par moi ceux qui ont le pou- « voir rendent la justice. » — L'ecclésiastique,

XVII expose comment Dieu a créé l'homme à son image, l'a éclairé de sa lumière et comblé de ses bienfaits, puis il ajoute : 14. « Il a établi un « gouverneur sur chaque nation. 15 mais Israël « a été visiblement le partage de Dieu même, « et Dieu seul a régné sur ce peuple. » — Au livre de la Sagesse, ch. VI, 2 et suiv. : « Ecoutez, ô rois « et comprenez, instruisez-vous, juges de la terre, « prêtez l'oreille, vous qui dominez sur les peu-« ples, et qui vous glorifiez de voir sous vous un « grand nombre de nations : considérez que vous « avez reçu cette puissance du Seigneur, et cette « domination du Très-haut, qui interrogera vos « œuvres et qui scrutera vos pensées ; parceque « étant les ministres de son royaume, vous n'avez « pas jugé équitablement, que vous n'avez pas « gardé la loi de justice, et que vous n'avez point « marché selon la volonté de Dieu. »

En Saint Jean, ch. XIX, 10, 11 : Pilate dit au Sauveur Jésus : « Ne savez-vous pas que j'ai le « pouvoir de vous crucifier, et que j'ai le pouvoir « de vous délivrer ? Jésus lui répondit : vous « n'auriez aucun pouvoir sur moi, s'il ne vous « avait été donné d'en haut. » — Enfin Saint Paul résume toute la doctrine de foi, dans son Epître aux Romains ch. XIII, 1 et suiv. : « que « toute âme soit soumise aux puissances supé-« rieures ; car il n'y a point de puissance, si « ce n'est de Dieu ; et celles qui sont sont « ordonnées sous l'autorité de Dieu. C'est pour-« quoi celui qui résiste à une telle puissance, ré-« siste à l'ordre de Dieu, et ceux qui y résistent

« (dans les choses qui appartiennent à l'ordre du « pouvoir, *Saint Thomas.*) attirent sur eux-mêmes « une juste condamnation.... car le prince est le « ministre de Dieu pour vous protéger dans le « bien. Mais si vous faites mal, craignez : parce « qu'il ne porte pas le glaive en vain. Car il est le « ministre de Dieu pour exécuter sa vengeance en « punissant celui qui fait le mal. Il est donc né-« cessaire de vous y soumettre, non-seulement « par la crainte du châtiment, mais aussi par le « devoir de la conscience. » — Saint Pierre, en sa I Epitre, ch. II, 13, conclut : « Soyez donc soumis, « pour l'amour de Dieu, à tout homme qui a auto-« rité, soit au roi comme au souverain, soit aux « gouverneurs comme étant envoyés par lui pour « punir ceux qui font le mal, et pour louer ceux « qui font le bien. »

L'enseignement divin est clair; Dieu, est le principe et la source du pouvoir politique, du pouvoir des rois et des princes; il les établit pour le bien de la société; et c'est lui qui les jugera et les punira s'ils ne gouvernent pas selon sa justice. Il n'y a pas un mot dans la Sainte-Ecriture qui puisse permettre d'attribuer au peuple le pouvoir souverain, ni la délégation de son propre pouvoir.

L'enseignement des Saints Pères donne absolument les mêmes conclusions. Mais, pour abréger, nous passons aux Saints Canons, qui sont les décisions de l'autorité de l'Eglise, donnant par conséquent la véritable interprétation de l'Ecriture et de la Tradition. Au canon X de la distinction 96, le pape Gélase écrit à l'empereur Anastase : « Il y a deux pouvoirs, par lesquels « ce monde est principalement gouverné : l'auto- « rité sacrée des Pontifes et le pouvoir royal ». Cause 33, question 5, can. 13, Saint Augustin dit « que tout roi a l'image de Dieu, et qu'il est comme « son vicaire ». Le pape Etienne VI écrit à l'Empereur : « *Licet enim ipsius Christi imperatoris similitudinem in terra geras, verumtamen mundanarum et civilium rerum tantum curam gerere debes... quo igitur pacto a Deo largitus es nobis terrenis rebus præesse, ita etiam nos per principem Petrum spiritualibus rebus præfecit.* L'empereur gère donc la ressemblance du véritable empereur qui est le Christ lui-même, et c'est Dieu qui le donne pour présider aux choses terrestres... A la 96 distinction, c. VI. Le pape saint Nicolas écrit à l'empereur Michel que « le même « médiateur de Dieu et des hommes, l'homme « Christ Jésus, a distingué les offices des deux « pouvoirs par leurs actes propres et leurs digni- « tés distinctes..., de telle sorte que les empereurs « chrétiens auraient besoin des Pontifes pour la « vie éternelle, et que les Pontifes useraient des « lois impériales pour le cours des choses tem- « porelles seulement ». A la distinction 8, canon I, nous lisons que « Dieu a distribué au genre « humain les droits humains par les empereurs « et les rois du siècle ». Au liv. I des Décrétales, tit. 33, chap. VI, le pape Innocent III écrit à l'empereur : « *Ad firmamentum igitur cœli, hoc est, universalis Ecclesiæ, fecit Deus duo magna luminaria, id est, duas instituit dignitates quæ sunt pontificis auctoritas, et regalis potestas* ». Ainsi, d'après ces canons, c'est Dieu qui institue les deux pouvoirs, le pontifical et le royal; et Jésus-Christ a distingué les offices de ces deux pouvoirs par leurs actes propres et leurs dignités distinctes.

---

§ IV. *Quelle est la doctrine de Saint Thomas sur l'origine du pouvoir civil?*

Si nous interrogeons les théologiens, ils nous enseignent les mêmes conclusions. Et d'abord Saint Thomas, tout en nous donnant ses appréciations sur les diverses formes de gouvernement, enseigne que leur pouvoir vient de Dieu. Saint Th. sum. 1ª 2ªᵉ, quest. CV, art. I.-2. « La meilleure constitution pour une cité ou un peuple quelconque est qu'il soit gouverné par un roi, parce que ce gouvernement représente surtout le gouvernement divin, par lequel un seul Dieu gouverne le monde depuis le commencement. »

5. « Comme le gouvernement royal est le meilleur gouvernement, ainsi la tyrannie est la pire corruption du gouvernement ».

« Mais à cause des défaillances de la nature humaine depuis la chute originelle, quoique la monarchie soit en soi le meilleur gouvernement, touchant la bonne constitution des princes dans une cité ou nation deux choses sont à considérer. L'une est que tous aient quelque part dans le principat, par cela en effet la paix se conserve dans le peuple, et tous aiment et gardent un tel ordre. La seconde chose à considérer regarde l'espèce de régime ou de constitution des principautés, dont les principales sont : le *royaume*, dans lequel un seul gouverne; l'*aristocratie*, c'est-à-dire le pouvoir des grands, dans laquelle quelques-uns sont les princes gouvernants. D'où la meilleure constitution est, dans une cité ou royaume, qu'un seul préside à tous, et que sous lui quelques-uns participent au gouvernement; et cependant une telle principauté appartient à tous, parce qu'ils peuvent être élus d'entre tous et par tous. Telle est toute constitution bien mêlée de *royauté,* en tant qu'un seul préside, d'*aristocratie*, en tant que plusieurs ont la principauté, et de *démocratie*, c'est-à-dire du pouvoir du peuple, en tant que les princes sont élus d'entre le peuple et par le peuple. Et telle fut la constitution selon la loi divine donnée à Moïse. Il en énumère les preuves. Mais Saint Thomas, quand il parle du peuple ou de la multitude, n'entend nullement tous les individus de tout rang et de tout âge; il n'entend, comme l'Ecriture, que les principaux du peuple, les anciens, les chefs de famille, ce qui, du reste, était entendu et pratiqué chez tous les peuples anciens, d'après lesquels Platon et Aristote, que suit Saint Thomas, ont écrit leurs politiques. C'est ce qu'expose Saint Thomas, 1ª 2ªᵉ quest. 98, art. VI. Ce qui vient confirmer cette vérité, que tout gouvernement légitime n'est qu'un développement de l'autorité paternelle.

A la question 91 et 95, Saint Thomas fait dériver la loi humaine et tous les droits de la cité ou de la nation, de la loi de la nature, et celle-ci est une participation, une émanation de la loi éternelle, 1-2. quest. 91, art. 2, et ailleurs ; et les lois humaines doivent être portées par celui qui gouverne la communauté de la cité ou de la nation. 1-2 quest. 95 et quest. 90, et à cette question 95, il revient à l'énumération des diverses formes de gouvernement, dont il trouve quatre principales : la monarchie, l'aristocratie, l'oligarchie et la démocratie. « Il y a encore, ajoute-t-il, la *tyrannie* « qui est un gouvernement absolument corrompu, « duquel on ne reçoit aucune loi ». Il y a aussi un gouvernement composé des quatre gouvernements simples, et celui-ci est très-bon, et c'est de lui qu'on prend la loi : *Lex quam majores natu simul cum plebibus sanxerunt*, comme dit Saint Isidore, l. 5. Etymol. cap. 10. — A la question 96-1-2, art. 4. *Si la loi humaine impose à l'homme obligation dans le for de la conscience?* « Les lois justes, répond-il, tiennent leur force d'obliger dans le for de la conscience de la loi éternelle, de laquelle elles dérivent, selon ce texte des Proverbes; VIII, 15 : *per me reges regnant, et legum conditores justa decernunt.* Or les lois sont justes quand elles sont ordonnées pour le bien commun, qu'elles ne dépassent pas le pouvoir de celui qui les porte, et qu'elles imposent aux sujets les charges pour le bien commun, selon l'égalité de la proportion. »

« Au contraire, les lois sont injustes lorsque

celui qui préside impose aux sujets des lois onéreuses, non pour l'utilité publique, mais plutôt pour sa propre cupidité et gloire, ou lorsqu'il porte une loi qui outrepasse son pouvoir, ou lorsque les fardeaux sont inégalement imposés à la multitude, quand même ils seraient ordonnés au bien public. Ce sont là plutôt des violences que des lois, parce que, comme le dit Augustin au l. 1 de liber. arb. c. 5 : *lex esse non videtur, quæ justa non fuerit.* C'est pourquoi ces lois n'obligent point dans le for de la conscience, si ce n'est peut-être pour éviter le scandale ou la perturbation, ce qui est une raison de céder de son droit. — Les lois peuvent être injustes d'une autre manière, par opposition au bien divin ; ainsi les lois des tyrans poussant à l'idolâtrie ou à toute autre violation de la loi divine; il n'est nullement permis d'observer de telles lois, parceque, comme il est dit au IV ch. des actes, *obedire oportet Deo magis quam hominibus.* Le pouvoir qui vient de Dieu, selon l'Apôtre aux Romains, XIII, 1, etc., ne s'étend point à de parelles lois, c'est pourquoi on ne doit point y obéir. Et, quant aux lois injustes par rapport aux sujets, l'ordre divinement établi du pouvoir ne s'étend point à ces lois, lesquelles, par conséquent, n'obligent point, si ce n'est pour éviter le scandale ou un plus grand détriment. »

L'argumentation de Saint Thomas est claire et rigoureuse : Les lois humaines n'obligent que parcequ'elles dérivent de la loi éternelle ; et parce que le pouvoir qui les porte est établi de Dieu, ou divinement concédé et ordonné ; et parcequ'elles sont justes. Les lois portées par quelqu'un qui n'a pas le pouvoir de les faire n'obligent point, parce qu'un tel législateur n'est point établi de Dieu ; de plus nulle loi injuste n'oblige, parce que le pouvoir divinement concédé et ordonné sous la loi de Dieu ne s'étend point à une pareille loi. Donc pour Saint Thomas, comme pour toute la tradition catholique fondée sur l'enseignement divin et sur le droit naturel, il n'y a point de pouvoir légitime et auquel on doive obéissance dans le for de la conscience, s'il ne vient de Dieu et s'il ne commande conformément à la loi de justice éternelle.

---

§ V. *Doctrine des théologiens, interprètes de Saint Thomas, sur l'origine du pouvoir civil.*

Suarez, en qui se résume toute la tradition, et qui est le grand interprète de Saint Thomas, va nous confirmer sa doctrine avec une clarté qui ne laisse aucun nuage. Au liv. I des lois, ch. VIII, n° 8, il s'exprime en ces termes : « De même que faire la loi est l'un des principaux actes du gouvernement de la république, ainsi cet acte requiert le pouvoir principal et supérieur. Or ce pouvoir est premièrement et par essence en Dieu ; mais il est communiqué aux rois par une certaine participation, selon ce texte de la sagesse, VI ; *écoutez rois*, etc..., parce que « *la puissance vous* « *a été donnée par le Seigneur ; car il n'est point* « *de puissance si ce n'est de Dieu*, comme il

« est dit dans l'épitre aux Romains XIII, — n° 9 » Maintenant seulement je remarque qu'en toute société il y a un pouvoir suprême en son ordre, comme est dans l'Eglise le Souverain Pontife ; dans un royaume temporel le roi ; dans la république, qui est gouvernée aristocratiquement (c'est-à-dire par elle-même) toute la république.

Au livre II des lois, ch. IV, n° 4 : « on doit dire que toute loi vient de quelque manière de la loi éternelle et qu'elle tient d'elle sa force d'obliger. C'est le sentiment de Saint Thomas, d. q. 93, art. 3, et de Saint Augustin qui dit, *tract. 6 in Joan., Dieu a distribué les lois humaines au genre humain, par les empereurs et les rois.*

5. « On peut en donner cette raison générale, parce que la loi éternelle est loi par essence, et que toute autre loi l'est par participation. Donc il est nécessaire que toute autre loi soit un effet de la loi éternelle.... Dieu a dit, prov. VIII : *per me reges regnant*, etc.

6. « Donc la loi divine, en tant qu'elle est dans le législateur, est en Dieu même, parce que lui seul est le propre législateur d'une telle loi ; mais elle est dans les hommes comme dans les sujets, bien qu'on la considère en tant qu'elle est dans les hommes gouvernants, car eux aussi sont sujets de la loi divine, et relativement aux autres hommes, ils sont seulement comme proposant et déclarant la loi, qui est en Dieu ; c'est ainsi que la loi ancienne est dite donnée par Moyse, *Joan.* I, et elle est dite donnée à Moyse lui-même par les anges, actor. VII. Cependant le droit d'obliger ne

venait de la volonté ni de Moyse, ni des anges, mais immédiatement de la volonté de Dieu et c'est pourquoi il était en lui seul comme dans le législateur... »

Livre III de la loi positive humaine en soi, etc. Ch. II en quels hommes existe immédiatement par la nature de la chose ce pouvoir de faire les lois humaines. 1. « Il est ou dans chaque homme, ou dans tous, ou dans leur collection totale. Or ce pouvoir n'est point en chaque individu, ni en tous, parce que tous ne sont point les supérieurs des autres, et par la nature des choses les uns n'ont point ce pouvoir plus que les autres; et si ce pouvoir était en tous, les lois qui en émaneraient seraient communes à tous les hommes. En outre on ne voit point de qui toute la multitude des hommes pourrait avoir ce pouvoir; car ce n'est pas des hommes eux-mêmes, qui ne peuvent donner ce qu'ils n'ont pas ; ce n'est pas non plus de Dieu, puisqu'autrement ce pouvoir ne pourrait être changé; mais il devrait nécessairement demeurer dans toute la communauté des hommes dans sa durée perpétuelle. C'est ainsi que Dieu ayant conféré le pouvoir spirituel à Pierre, ce pouvoir dure nécessairement en lui, ou en ses successeurs et il ne peut être changé par les hommes. »

3. « On doit donc dire que ce pouvoir par la seule nature de la chose n'existe en nul homme particulier, mais dans la collection des hommes. »

4. « Ce pouvoir n'est point dans la multitude des

hommes en tant qu'elle n'est qu'un aggrégat sans aucun ordre, ni union physique ou morale, et ne formant point un corps politique, et par conséquent n'ayant point besoin de chef ou de prince. Mais si l'on considère la multitude des hommes en tant qu'ils sont réunis par une volonté spéciale, un sentiment commun, en un corps politique par un lien de société, et afin de s'aider mutuellement dans l'ordre à une fin politique, et formant ainsi un corps mystique, qui peut être dit par soi moralement un, et ayant conséquemment besoin d'une tête, d'un chef, dans une telle communauté ainsi considérée, ce pouvoir existe par la nature de la chose, de telle sorte qu'il ne soit pas au pouvoir des hommes de se rassembler ainsi et d'empêcher ce pouvoir, car un corps politique sans un gouvernement politique répugne à la nature des choses. »

Ch. III. 2. « C'est le sentiment commun que le pouvoir civil est donné au corps politique immédiatement de Dieu comme auteur de la nature, de telle sorte que les hommes réunis en société disposent comme la matière, et fassent le sujet capable de ce pouvoir, mais que Dieu donne la forme en donnant ce pouvoir. Ainsi pensent Cajetan et beaucoup d'autres. Et cela est prouvé parceque, comme je l'ai dit, supposée la volonté des hommes de se réunir en un corps politique, il n'est pas en leur pouvoir d'empêcher cette juridiction ; donc c'est une preuve qu'elle ne provient point prochainement de leur volonté comme de sa propre cause efficiente. Comme dans le mariage, l'homme est le chef de la femme par le don de l'auteur de la nature, et il n'est pas au pouvoir des époux d'empêcher cette supériorité; ce qui est confirmé par l'apôtre Saint Paul aux Romains XIII, *non est potestas, nisi a Deo..., et qui potestati resistit, Dei ordinationi resistit*; donc ce pouvoir vient immédiatement de Dieu. »

3. « Ce pouvoir en effet par plusieurs de ses actes excède la faculté humaine, telle qu'elle est en chaque homme ; c'est donc une preuve qu'il ne vient point d'eux, mais de Dieu. Le premier de ces actes, qui excèdent la faculté humaine, est la punition des malfaiteurs jusqu'à la mort ; un autre effet est d'obliger en conscience ce qui n'appartient qu'à Dieu, etc. »

4. « Il est clair et certain que ce pouvoir vient de Dieu comme premier et principal auteur, et que ceux qui l'exercent sont ses ministres, c'est l'évidente doctrine de Saint Paul. Rom. XIII. »

5. « Ce pouvoir est donné de Dieu par mode de propriété conséquente de la nature, de la même façon qu'en donnant la forme, il donne toutes ses conséquences. En effet, Dieu ne donne pas ce pouvoir par un acte spécial, comme il donne le pouvoir dans l'Eglise, ou par une concession distincte de la création ; donc il le donne comme une propriété conséquente de la nature sociale de l'homme. »

6. « En second lieu ce pouvoir n'existe point dans la nature humaine jusqu'à ce que les hommes s'unissent en corps politique. Comme la volonté

des parents est nécessaire pour engendrer, mais elle n'est point requise pour donner à l'enfant la liberté ou les autres facultés naturelles, de même la volonté des hommes est seulement nécessaire pour former une société parfaite, mais cette volonté des hommes n'est point nécessaire pour que le pouvoir civil existe dans cette société et la gouverne, ce pouvoir est une propriété naturelle de toute société parfaite. »

7. « Néanmoins il n'y est point immuablement ; mais par le consentement de la communauté même, ou par une autre juste cause, elle peut être privée de ce pouvoir, et il peut être transféré à un autre. »

Ch. IV. « En effet bien que ce pouvoir soit de droit naturel, son mode d'exercice dépend néanmoins de l'arbitre humain ; car il y a trois sortes de gouvernement politique simple ; la monarchie, l'aristocratie et la démocratie, desquels par mélange on peut former plusieurs autres gouvernements mixtes. Le meilleur est la monarchie, Aristote 12 Metaph. le prouve, et on doit le conclure du gouvernement de l'univers par Dieu seul, et de ce que Jésus-Christ a donné le meilleur gouvernement à son église, lequel est la monarchie. Néanmoins les autres formes de gouvernement peuvent être bonnes et utiles. »

« Quant à la collation et à l'exercice du pouvoir civil il y a deux opinions entre les théologiens. »

2. « La première opinion tient que le pouvoir civil, chaque fois qu'il se trouve dans un homme

ou un prince, par droit légitime et ordinaire, découle prochainement ou d'une manière éloignée, du peuple et de la communauté, et qu'il ne peut en être autrement pour qu'il soit juste. C'est là, selon Suarez, le sentiment le plus commun. Dans ce sentiment le pouvoir est conféré au roi prochainement et primitivement par un pacte intervenu entre lui et la nation ; ou par la guerre qui soumet la nation au roi conquérant, pourvu qu'elle soit juste. Ou, enfin, lorsque le pouvoir a été usurpé tyranniquement, il peut se faire que par la succession du temps le peuple consente et admette ce pouvoir usurpateur, ce qui revient à la donation du peuple. Dans ce dernier mode se range la légitimation du pouvoir par la prescription d'assez longue durée pour être justifiée. De ces divers modes découle la monarchie héréditaire qui tient le pouvoir de la nation médiatement et radicalement. »

« On objecte à cette première opinion qu'il suit de là que le pouvoir royal est du seul droit humain, ce qui paraît contre la manière de parler de l'Ecriture : *per me regnant reges*, prov. VIII ; et aux Rom. XIII : *Minister enim Dei est*, etc. De plus il suit de là que la nation, le royaume est au-dessus du roi, parce qu'il lui a donné le pouvoir. D'où il arrive en outre que la nation peut, si elle le veut, déposer le roi, ou le changer, ce qui est absolument faux. »

« C'est pourquoi la seconde opinion tient qu'on doit dire absolument que le pouvoir royal est de droit divin, et donné de Dieu, supposée l'élection des hommes. » Jusqu'ici Suarez.

Bellarmin, liv. I de Rom. Pontif. ch. I démontre contre Calvin que la monarchie est le meilleur des gouvernements, il cite à l'appui de sa thèse les écrivains hébreux, grecs, latins, philosophes, orateurs, historiens et poëtes ; puis les théologiens, hébreux, grecs et latins. Mais au ch. III il admet que la monarchie tempérée d'aristocratie et de démocratie, est, vu les misères de la nature humaine déchue, le gouvernement le plus utile.

Billuart, Schmalzgrueber et Ferraris avec un grand nombre d'autres, soutiennent la même doctrine que Saint Thomas et Suarez.

Entre ces deux opinions à savoir la première qui tient que le pouvoir vient à ceux qui l'exercent de Dieu par le canal, le moyen, le consentement du peuple, et la seconde qui tient que le pouvoir civil est de droit divin et donné de Dieu, supposée l'élection des hommes, élection qui ne fait que désigner ceux qui doivent prendre possession du pouvoir naturel dont Dieu a doté la société politique; entre ces deux opinions, laquelle est la vraie et laquelle est la plus sûre et la plus conforme aux décrets authentiques de l'église? Pour répondre à cette grave question nous devons en examiner plusieurs autres qui nous conduiront à la solution.

Et d'abord la question de la tyrannie. Tous les théologiens distinguent deux sortes de tyrannie ou de tyrans; la tyrannie proprement dite, et le pouvoir légitime qui gouverne tyranniquement. — Le tyran proprement dit est celui qui s'empare du gouvernement avec ruse ou violence et contrairement à la loi et à la constitution de la nation. Cette sorte de tyran n'a aucun pouvoir, il ne peut faire de loi obligatoire, il est séditieux, contraire au bien commun de la nation qu'il trouble et jette dans la guerre civile. C'est le sentiment commun que tout citoyen peut lui arracher le gouvernement si cela est plus utile à la nation, et comme droit de légitime défense. Mais les théologiens ajoutent, que, si la nation devait souffrir de plus grands dommages du refus d'observer la loi du tyran, il faudrait obéir à cette loi et supporter ce gouvernement pour le bien de la nation. Mais dès que la nation pourra, sans grave danger, secouer le joug d'un tel tyran, elle est pleinement dans son droit. Saint Thomas. 2 — 2. q. XLII. art. II.

Mais il ne faudrait pas croire que la tyrannie n'a lieu que lorsqu'un seul tyran usurpe le gouvernement. En effet Fagnan, in 2. part. primi decretal. de elect. c. significasti, 35, remarque que Saint Thomas, dans son 20e opuscule, ch. 5, enseigne que la tyrannie naît bien plus souvent de la principauté de plusieurs que de la principauté d'un seul. La révolution française en a donné de nombreuses et lamentables preuves.

La seconde sorte de tyrannie, celle du mode de gouvernement seulement, a lieu quand les princes, vrais et légitimes d'ailleurs, règnent tyranniquement et oppriment le peuple. Il est certain qu'il n'est permis à aucun particulier de se révolter contre le souverain légitime quelque soit sa tyrannie. Car nous sommes obligés d'obéir aux vrais maîtres *etiam dyscolis*, ad Rom. XIII et I Petr. 2. C'est ainsi que, par l'ordre des apôtres, les premiers chrétiens obéissaient aux princes payens bien qu'ils persécutassent l'église, et ils priaient pour eux. Autrement nul prince ne serait en sécurité, dès que le premier venu se plaindrait d'en être grèvé.

Cependant certains auteurs, dit Billuart, ont pensé que la république pouvait en rassemblant les comices du royaume, procéder contre un tyran trop insolent, le déposer, ou le proscrire pour être tué, si l'on ne peut autrement remédier à sa tyrannie; parce que disent-ils, le roi tient de la république l'autorité royale, non pour la destruction, mais pour l'édification et la conservation; c'est pourquoi il peut être enlevé par elle s'il tourne à sa perte évidente. Mais de là naissent souvent des maux plus grands que la tyrannie, c'est pourquoi il vaut mieux supporter patiemment l'oppression et recourir à Dieu. » *Billuart, de jure et justitia , Dissert.* X, art. II. Cette opinion qui revient au contrat de J. J. Rousseau, n'est plus soutenable depuis qu'elle a été condamnée par le concile de Constance, en ces termes : *Quilibet tyrannus potest et debet licite et meritorie occidi per quemcumque vassalum vel subditum.* — La condamnation de cette proposition a été confirmée par Paul V, constitution, *cura Dominici gregis.*

§ VI *Définitions et déclarations de l'Eglise et du Saint-Siége relatives à l'origine du pouvoir civil.*

Mais le concile de Constance alla plus loin; dans sa partie œcuménique approuvée par la Bulle *inter cunctas* et par la Bulle *in eminenti* de Martin V, est condamnée cette 17e proposition de Wicleff: « *Populares possunt ad suum arbitrium dominos delinquentes corrigere.* Les peuples ne peuvent donc juger, ni corriger leurs princes délinquants, à plus forte raison ne peuvent-ils les déposer, ni se révolter contre eux. En troisième conclusion qui va plus loin encore; pour la constitution intrinsèque de la loi et pour qu'elle oblige le peuple, ni l'acceptation, ni le consentement du peuple ne sont nécessaires. La loi juste par ailleurs oblige le peuple avant toute acceptation. C'est le sentiment le plus commun des Thélogiens et il est hors de doute depuis la condamnation en 1665, par Alexandre VII, de cette 28e proposition: *Populus non peccat, etiamsi absque ulla causa non recipiat legem a principe promulgatam,* bien qu'auparavant, dit Reiffenstuel, plusieurs aient enseigné le contraire. Et à cette occasion il faut remarquer que des opinions soutenues par des théologiens et tolérées sur la question présente, avant le concile de Constance et avant la condamnation en 1665 de la proposition ci-dessus relatée, ces opinions ne peuvent plus être soutenues, et la doctrine opposée est absolument vraie dit Layman, avec beaucoup d'autres cités par lui, liv. I, tract. 4, cap. 3, n. 1.

De cette doctrine authentique de l'Eglise il suit que les nations n'ont aucune autorité ni pour juger, ni pour corriger leurs princes; que leur acceptation n'est nullement nécessaire pour que la loi des princes oblige les sujets en conscience. La conclusion rigoureuse c'est que les princes, ceux qui gouvernent, ne reçoivent aucun pouvoir, aucune autorité de la nation, ou du peuple gouverné. Mais reçoivent-ils le pouvoir chacun immédiatement de Dieu par le fait de leur élection ou de leur succession légitime dans les monarchies héréditaires ? C'est le sentiment de Victoria et de plusieurs autres. Ce sentiment serait peut-être soutenable dans le cas de la consécration du souverain légitime par l'ordre de Dieu ou par l'autorité de son vicaire sur la terre.

Mais il nous semble plus conforme à l'enseignement général des théologiens et à la doctrine authentique de l'Eglise de dire avec Suarez, liv. III, des lois, ch. II, 5 et 6 que le pouvoir civil est donné de Dieu comme une propriété de la nature sociale de l'homme, et qu'il existe dans toute société parfaite comme sa propriété naturelle. Mais ce pouvoir découle de la loi divine éternelle à laquelle ceux qui l'exercent sont aussi bien soumis que leurs sujets. Car les gouvernants n'ont point, dit Saint Thomas ci-dessus, le pouvoir d'ordonner rien d'injuste, ni contre la loi de Dieu; leur charge, dit Suarez ici, consiste seulement à proposer et déclarer la loi, qui est en Dieu, seul législateur suprême et duquel seul vient le droit d'obliger la conscience par la déclaration des pouvoirs qui sont ses ministres. C'est donc réellement et primitivement la souveraineté de Dieu, créateur et conservateur, qui gouverne les sociétés par les ministres de son autorité, de son pouvoir suprême. Dès qu'un corps politique se forme en société parfaite il tombe nécessairement sous l'empire de cette loi, de cette souveraineté. C'est pourquoi les gouvernements et les législateurs qui font des lois contraires à la loi de Dieu, à la justice et au bien commun de leurs sujets, outrepassent leurs pouvoirs et leurs lois n'obligent point en conscience par elles mêmes ; elles ne sont point des lois ne découlant point de la loi éternelle.

---

§ VII. *Bien que le peuple ait la faculté primordiale de choisir son gouvernement, il ne peut être souverain.*

Mais il appartient au corps politique, se constituant en société parfaite, il appartient à la nation de déterminer sous quelle forme de gouvernement, monarchique, aristocratique, démocratique ou mixte, le pouvoir qui vient de Dieu et qui s'impose nécessairement à toute société politique, sera exercé, et comment la loi qui est en Dieu seul comme souverain législateur, sera proposée, interprétée, déclarée à la nation. Celle-ci peut se réserver l'élection des magistrats qui rempliront cette fonction souveraine; mais ce droit ne lui est point inhérent comme conséquence naturelle de l'état de société parfaite. En effet, Saint Thomas, 1ª 2ᵉ quest. XCVII, art. I nous apprend que « de la part des hommes, dont la loi règle les actes, la loi peut légitimement être changée à cause du changement des conditions des hommes, ainsi que Saint Augustin, lib. 1 de lib. arb. cap. 6, a princ. en donne cet exemple, « que si un peuple est bien « réglé et grave, et très-soigneux gardien de l'uti- « lité commune, on porte légitimement la loi par « laquelle il soit permis à un tel peuple de se créer « des magistrats, qui administrent la république. « Or, si peu à peu ce peuple se dépravant n'a plus « qu'un suffrage vénal, et confie le gouvernement « à des hommes de crime et à des scélérats, ce « pouvoir de donner les honneurs est justement « enlevé à ce peuple et retourne à l'arbitre d'un « petit nombre de bons citoyens. » Voici, dans cet exemple, une nouvelle preuve que le peuple n'est point souverain et qu'il n'a point le pouvoir radical de déléguer la souveraineté. Il peut exercer le pouvoir gouvernemental, et nommer les magistrats qui l'exerceront, mais à la condition qu'il exercera son pouvoir conformément à la loi de Dieu pour l'utilité commune. Dès qu'il agira contre le bien commun par son suffrage vénal, c'est avec justice qu'on lui en enlève le droit. Si cependant ce droit lui appartenait comme propriété de la nature, on ne pourrait le lui enlever. Dans l'exemple présent, il exerçait le droit souverain de Dieu; il l'exerçait en opposition à la loi de justice éternelle, il doit lui être enlevé, et l'exercice en être confié à d'autres. Mais, comme nous l'avons prouvé ci-dessus, le consentement, l'acceptation du peuple n'est point nécessaire pour rendre la loi obligatoire, si ce n'est dans les gouvernements mixtes, dont la constitution requiert cette acceptation. Mais, dans aucun cas, le peuple ne peut juger, ni corriger, ni, à plus forte raison, déposer son roi, son prince, parce que, de droit naturel, nul ne peut être jugé en sa propre cause, et que jamais l'inférieur ne peut juger son supérieur. Or, le prince légitime est le ministre de Dieu pour gouverner le peuple; et si ce prince délinque, il ne peut être jugé que par Dieu ou par le vicaire de Dieu; c'est ce que prouve l'exemple de David, sacré roi par Samuel, et sauvant toujours la vie de son tyran Saül, et défendant d'y attenter, parce qu'il était l'oint du Seigneur.

En opposition a cette doctrine de la saine raison, la secte antichrétienne a inventé le parlementarisme, selon lequel le peuple souverain fait la loi par ses mandataires et oblige le roi à l'accepter et à la promulguer. Ici le roi n'est plus le ministre de Dieu, mais le ministre du peuple, pour gouverner selon les caprices et souvent les injustices et les tyrannies du peuple, ou plutôt de ses meneurs. C'est la mise en pratique de la monstrueuse hérésie du contrat social de l'antisocial J.-J. Rousseau.

Ces enseignements suffiraient assurément, si la perversité du langage n'avait obscurci, dans nos temps, la notion de la vérité. Pour dissiper ces ténèbres il n'est pas trop de réunir les enseignements de l'Eglise dans divers temps. Pie VI, en présence de la révolution française et des erreurs monstrueuses et antisociales décrétées par l'assemblée nationale d'alors, y oppose l'éternelle vérité. C'est d'abord dans son bref aux Evêques de l'assemblée nationale, au sujet de la constitution civile du clergé que Pie VI s'exprime ainsi : « Où est donc cette liberté de penser et d'agir que « l'assemblée nationale accorde à l'homme social « comme un droit imprescriptible de la nature ? « Ce droit chimérique n'est-il pas contraire aux « droits du Créateur suprême, à qui nous devons « l'existence et tout ce que nous possédons ? Peut-« on d'ailleurs ignorer que l'homme n'a pas été « créé pour lui seul, mais pour être utile à ses « semblables ? Car telle est la faiblesse de la na-« ture, que les hommes, pour se conserver, ont « besoin du secours mutuel les uns des autres ; « et voilà pourquoi Dieu leur a donné la raison « et l'usage de la parole pour les mettre en état « de réclamer l'assistance d'autrui, et de secourir « à leur tour ceux qui imploreraient leur appui. « C'est donc la nature elle-même qui a rapproché « les hommes et les a réunis en société ; en outre, « puisque l'usage que l'homme doit faire de sa « raison consiste essentiellement à reconnaître « son souverain auteur, à l'honorer, à l'admirer, « à lui rapporter sa personne et tout son être ; « puisque, dès son enfance, il faut qu'il soit sou-« mis à ceux qui ont sur lui la supériorité de l'âge,

« qu'il se laisse gouverner et instruire par leurs « leçons ; qu'il apprenne d'eux à régler sa vie « d'après les lois de la raison, de la société et de « la Religion : cette égalité, cette liberté si vantée « ne sont donc pour lui, dès le moment de sa « naissance, que des chimères et des mots vides « de sens. « Soyez soumis par la nécessité (1), » « dit l'apôtre saint Paul : ainsi les hommes n'ont « pu se rassembler et former une association ci- « vile, sans établir un gouvernement, sans res- « treindre cette liberté, et sans l'assujettir aux « lois et à l'autorité de leurs chefs. La société « humaine , dit Saint Augustin , n'est autre « chose qu'une convention générale d'obéir aux « rois (2) ; » c'est pourquoi ce n'est pas tant du « contrat social, que de Dieu lui-même, auteur « de tout bien et de toute justice que le pouvoir « des rois tire son origine et sa force. Ce que « confirme l'apôtre dans l'épître citée plus haut : « que toute âme soit soumise aux puissances su- « périeures, car il n'est point de puissance si ce « n'est de Dieu.... »

« C'est ici le lieu de rapporter le canon du second « concile de Tours, tenu en 567, qui frappe d'a- « nathême, non seulement quiconque a la har- « diesse de contrevenir aux décrets du Siège apos- « tolique, mais encore celui qui, par une plus « grande témérité, ose réfuter et combattre, de « quelque manière que ce soit, une pensée que l'a-

(1) ad Rom. XIII.
(2) L. III, confess. C. VIII.

« pôtre Saint Paul, ce vase d'élection, a publiée « d'après l'inspiration de l'Esprit-Saint, surtout, « puisque le Saint-Esprit lui-même a dit par l'or- « gane de cet apôtre : « Que celui qui prêchera le « contraire de ce que j'ai prêché soit anathême. » (1)

Pie VII, dans son encyclique *Ecclesiam*; du 13 septembre 1821, condamne la secte des Carbonari et ses doctrines ; il s'y exprime ainsi : « Quoique « Pierre le prince des apôtres, recommande aux « chrétiens « de se soumettre pour Dieu, à toute « créature humaine (qu'il a établie au-dessus « d'eux) soit au roi, comme étant le premier dans « l'Etat, soit aux magistrats, comme étant les en- « voyés du roi, etc., » et quoique l'apôtre Saint « Paul ordonne « que tout homme soit soumis « aux puissances supérieures. » Cependant cette « société enseigne qu'il est permis d'exciter des « révoltes pour dépouiller de leur puissance les « rois et tous ceux qui commandent, auxquels « elle donne le nom souverainement injurieux de « tyrans. » Voici donc la distinction entre les princes légitimes et les tyrans.

En confirmation de la vraie doctrine, voici ce qu'enseigne après tant d'autres, le pontife infaillible Grégoire XVI, dans son encyclique *Mirari*, dans laquelle il réfute et condamne les doctrines du journal l'*avenir* et d'autres publicistes soutenant qu'on pouvait se révolter contre les princes, même légitimes, qui gouvernaient tyranniquement. Voici les paroles de Grégoire XVI :

(1) Can. 20 *in* collect. Labbe, t. VI, p. 54.

« Comme nous avons appris que des écrits semés « parmi le peuple proclament certaines doctrines « qui ébranlent la fidélité et la soumission dues « aux princes, et qui allument partout les flam- « beaux de la révolte, il faudra empêcher « avec soin que les peuples ainsi trompés ne « soient entraînés hors de la ligue de leurs de- « voirs. Que tous considérant que, suivant l'avis « de l'Apôtre, « Il n'y a point de pouvoir si ce n'est « de Dieu : mais ceux qui sont, sont ordonnés « sous l'autorité de Dieu ; c'est pourquoi celui « qui résiste au pouvoir résiste à l'ordre de Dieu, « et ceux qui résistent s'attirent la condamnation « à eux-mêmes (1). » Ainsi les lois divines et hu- « maines s'élèvent contre ceux qui s'efforcent d'é- « branler, par des trames honteuses de révolte « et de sédition, la fidélité aux princes, et de les « précipiter du trône. »

« C'est pour cela, et afin de ne pas contracter « une honteuse souillure que les premiers chré- « tiens, au milieu de la fureur des persécutions « surent cependant bien servir les empereurs, « et travailler au salut de l'empire, comme il « est certain qu'ils le firent. Ils le prouvèrent ad- « mirablement, non-seulement par leur fidélité à « faire avec soin et promptitude ce qui leur était « ordonné, ce qui n'était point contraire à la reli- « gion, mais encore par leur courage, et en répan- « dant même leur sang dans les combats. « Les « soldats chrétiens, dit Saint Augustin, servaient

(1) Ad Rom. XIII.

« un empereur infidèle ; mais s'il était question de « la cause de Jésus-Christ, ils ne reconnaissaient « que celui qui est dans les cieux. Ils distin- « guaient le Maître éternel, du maître tempo- « rel (1). » C'est ce qu'avait devant les yeux l'in- « vincible martyr Maurice, chef de la légion « Thébaine, lorsque, comme le rapporte Saint « Eucher, il répondit à l'empereur : « Nous « sommes vos soldats, prince, mais cependant, « serviteurs de Dieu, nous l'avouons librement... « Et maintenant même le danger où nous sommes « de perdre la vie ne nous pousse point à la ré- « volte ; nous avons des armes, et nous ne résis- « tons point, parce que nous aimons mieux mou- « rir que tuer (2). » Cette fidélité des anciens « chrétiens brille avec bien plus d'éclat, si on « remarque, avec Tertullien, (3) qu'alors les chré- « tiens ne manquaient ni par le nombre, ni par « la force, s'ils eussent voulu se montrer ennemis « déclarés. — Nous ne sommes que d'hier, dit-il, « et nous remplissons tout, vos villes, vos îles, « vos forts, vos municipes, vos assemblées, vos « camps, vos tribus, vos décuries, le palais, le « sénat, le forum... Combien n'aurions-nous pas « été disposés et prompts à faire la guerre, quoique « avec des forces inégales, nous qui nous laissons

(1) Saint Augustin in psalm. CXXIV, n. 7.

(2) Saint Eucher apud Ruinart. act. 55. MM. de SS. Maurit. et soc. n. 4.

(3) Tertull. in Apolog. cap. XXXVII.

« égorger si volontiers, si notre religion ne nous « obligeait plutôt à mourir qu'à tuer ?.... »

« Ces beaux exemples de soumission inviolable aux princes, qui étaient une suite nécessaire des saints préceptes de la religion chrétienne, condamnent la détestable insolence et la « méchanceté, de ceux qui, tout enflammés de « l'ardeur immodérée d'une liberté audacieuse, « s'appliquent de toutes leurs forces à ébranler et « à renverser tous les droits des puissances, tandisqu'au fond ils n'apportent au peuple que la « servitude sous le masque de la liberté. C'est là « que tendaient les coupables rêveries et les desseins des Vaudois, des Beguards, des Wiclefistes, et des autres enfants de Bélial, qui furent « l'écume et l'opprobre du genre humain, et qui « ont été pour cela si souvent et si justement frappés d'anathème par le Siège apostolique. Ces « fourbes qui travaillent pour la même fin, n'aspirent aussi qu'à pouvoir se féliciter avec « Luther d'*être libres à l'égard de tous*, et, pour « y parvenir plus facilement et plus vite, ils tentent audacieusement les entreprises les plus « criminelles... » (1)

Nous avons maintenant à scruter la doctrine du *syllabus*, lequel approuvé par le concile du Vatican comme toutes les constitutions et condamnations émanées du Siége apostolique, est devenu la vraie règle de la doctrine catholique. Or

(1) Encycl. de Grégoire XVI, *mirari*.

au § VII du *syllabus* nous lisons la proposition LX, ainsi conçue : « L'autorité n'est autre chose « que la somme du nombre et des forces maté- « rielles. » Cette proposition fut d'abord condamnée par Pie IX, dans son allocution *Maxima quidem*, du 9 juin 1862 en présence des évêques réunis pour la canonisation des martyrs du Japon, en ces termes : « Ils font dérision de l'autorité et « du droit avec tant de témérité qu'ils ont l'impu- « dence de dire que l'autorité n'est rien, si ce « n'est celle du nombre et de la force matérielle... » C'est donc une impudente témérité de dire que l'autorité réside dans le peuple, vient du peuple, qui est le nombre et la force matérielle. Le peuple n'est donc point souverain et il ne confère aucune autorité. La LXIII proposition du *syllabus* est ainsi conçue : « Il est permis de refuser l'obéis- « sance aux princes légitimes et même de se ré- « volter contre eux. » *Legitimis principibus obedientiam detrectare, immo et rebellare licet.* La question est ici nettement posée ; il ne s'agit pas des usurpateurs, mais des *princes légitimes* ; il n'est pas permis de leur refuser l'obéissance, ni à plus forte raison de se révolter contre eux. Il n'y a point ici de distinction ; l'affirmation est absolue, il n'est pas permis de se révolter contre les princes légitimes. »

Voici les développements de cette proposition et l'enseignement catholique, donné par N. T. S. P. le Pape Pie IX lui-même : et d'abord dans son encyclique *qui pluribus* du 9 novembre 1846, après avoir condamné les attaques contre la société et les gouvernements, il exhorte ainsi les pasteurs des âmes : « Appliquez-vous à inculquer au « peuple chrétien le devoir de la soumission et de « l'obéissance vis-à-vis des princes et des gouver- « nements ; enseignez lui, selon le précepte de « l'apôtre, qu'il n'y a point de pouvoir si ce n'est « de Dieu, et que ceux-là résistent à l'ordre divin « et méritent d'être condamnés, qui résistent au « pouvoir, et que ce précepte d'obéissance au pou- « voir ne peut jamais être violé sans mériter de « châtiment, excepté toutefois lorsqu'on exige du « chrétien quelque chose de contraire aux lois « de Dieu et de l'Eglise. »

Dans son allocution *quis vestrum*, du 4 octobre 1847, il ajoute : « Nous nous affligeons vivement « de ce qu'en divers endroits il se rencontre des « hommes parmi le peuple, qui abusant témérai- « rement de notre nom, et faisant la plus grande « injure à notre personne et à notre dignité su- « prême, osent denier aux princes la soumission « qui leur est due, soulever contre eux les mul- « titudes, et exciter des mouvements criminels. Ce « qui est tellement contraire à toutes nos pensées « que dans notre encyclique du 9 novembre de « l'année dernière adressée à tous nos vénérables « frères les évêques, nous n'avons pas manqué « d'inculquer l'obéissance due aux princes et aux « pouvoirs, et de laquelle, suivant le précepte de « la loi chrétienne, personne ne peut jamais s'é- « carter sans crime, si ce n'est dans le cas où « peut-être il serait ordonné quelque chose de « contraire aux lois de Dieu et de l'Eglise. »

Dans son encyclique, *Nostis et Nobiscum* du 8 décembre 1849, aux Évêques d'Italie, il revient sur ce sujet en ces termes plus explicites : « Que les fidèles confiés à vos soins soient donc avertis, « qu'il est essentiel à la nature même de la société « humaine que tous obéissent à l'autorité légiti- « mement constituée dans la société ; et que rien « ne peut être changé dans les préceptes du Sei- « gneur, qui sont énoncés dans les lettres sacrées « sur ce sujet. » Car il est écrit : « Soyez soumis « pour l'amour de Dieu à toutes sortes de person- « ne, soit au roi comme au souverain, soit aux « gouverneurs comme envoyés par lui pour pu- « nir les méchants et récompenser les bons : car « la volonté de Dieu est que par votre bonne « vie vous fermiez la bouche aux hommes igno- « rants et insensés, libres, non pour vous servir « de votre liberté comme d'un voile de malice, « mais pour agir en serviteurs de Dieu. » Et en- « core : « Que toute âme soit soumise aux puis- « sances supérieures, car il n'y a point de puis- « sance si ce n'est de Dieu, et toutes celles qui « sont des puissances sont ordonnées sous l'au- « torité de Dieu. Celui donc qui résiste aux pou- « voir résiste à l'ordre de Dieu : et ceux qui ré- « sistent attirent sur eux la comdamnation. »

Dans son encyclique, *Nullis certe verbis* du 19 janvier 1860, Pie IX, refutant les perfides conseils du Carbonaro Napoléon III, appuie la cause du principat civil du Saint-Siège sur les mêmes principes et les mêmes lois divines sur lesquels reposent les principautés de tous les souverains séculiers ; il identifie la cause du Saint-Siége avec la leur et il les défend ensemble. C'est, dit-il, parlant aux Évêques de l'univers la cause de la justice universelle qu'il doit défendre, *Justitiæ causa defendenda*, et il ajoute : « dès qu'avec la plus grande douleur de votre âme vous avez connu les très-graves dangers, qui affligeaient les choses sacrées et civiles en Italie, et que vous avez compris les criminels mouvements et les attentats de la rebellion contre les princes légitimes de cette même Italie et contre le principat sacré et légitime de nous et de ce Saint-Siège, aussitôt secondant nos vœux et nos soins, vous vous êtes empressés avec zèle d'indiquer des prières publiques dans vos diocèses... » — « mais pendant que votre zèle si admirable et l'amour des fidèles envers nous et ce Saint-Siège adoucissaient notre douleur, une nouvelle cause de douleur nous est arrivée d'ailleurs. C'est pourquoi nous vous écrivons ces lettres, afin que dans une chose de si grande importance les sentiments de notre cœur vous soient d'abord de nouveau parfaitement connus. Dernièrement le journal de Paris, le *Moniteur*, a publié une lettre de l'empereur des Français... Par cette lettre le souverain Empereur, rappelant un conseil, qu'il nous avait proposé peu de temps auparavant, touchant les provinces rebelles de notre domaine pontifical, nous engage à renoncer à la possessiou de ces mêmes provinces, parce qu'il lui semble qu'il n'y a que ce moyen de remédier à la présente perturbation des choses. Chacun de vous, vénérables Frères, comprend parfaitement que, nous ressouvenant de notre très-grave devoir, nous n'avons pu garder le silence en recevant cette lettre. C'est pourquoi, sans aucun retard, nous nous sommes hâtés de répondre à ce même Empereur, déclarant clairement et ouvertement dans toute la liberté apostolique de notre âme, que nous ne pouvions, d'aucune façon absolument « consentir à son conseil, parce « qu'il entraîne avec soi d'insurmontables diffi- « cultés.... et nous avons déclaré en même temps « que nous ne pouvions faire cette abdication.... « sans faire injure à tous les catholiques, et enfin « sans infirmer les droits, non-seulement des « princes d'Italie, qui ont été injustement dé- « pouillés de leurs domaines, mais aussi les « droits de tous les princes de l'univers chrétien, « lesquels ne pourraient voir avec indifférence « introduire certains principes très-pernicieux, — (à savoir des faits accomplis, de la force et de la souveraineté des peuples) — et nous n'avons « pas manqué de rappeler que Sa Majesté n'ignore « pas par quels hommes, avec quel argent et « quels secours ont été excités et accomplis les « récents attentats de rébellion à Bologne, Ra- « venne et dans les autres villes, tandis que « l'immense majorité des peuples demeurait « comme étonnée de ces agitations qu'elle ne « soupçonnait nullement, et qu'elle ne s'est, en « aucune façon, montrée disposée à suivre. Et « parce que le sérénissime Empereur pensait que « nous devions abdiquer ces provinces à cause « des agitations de rébellion qu'on y a excitées,

« nous lui avons opportunément répondu que cet « argument prouvant trop n'avait aucune valeur; « puisqu'en effet des agitations semblables se « sont souvent produites, soit en Europe, soit « ailleurs, et tout le monde voit qu'on ne peut « tirer de là aucun argument pour diminuer les « dominations civiles.... Nous avons rappelé à « sa pensée que tous doivent un jour rendre un « compte rigoureux devant le tribunal du Christ, « et subir le jugement le plus sévère, et qu'en « conséquence chacun doit prendre le plus grand « soin d'y trouver les effets de la miséricorde plu- « tôt que ceux de la justice. »

« Nous avons jugé nécessaire de vous faire connaître ces réponses, vénérables frères, afin que vous d'abord, et tout l'univers catholique, sachiez que, avec la grâce de Dieu, et pour l'obligation de notre devoir le plus grave, nous faisons sans crainte tous nos efforts, et que nous n'omettons rien, afin de défendre fortement la cause de la religion et de la justice, et, afin qu'appuyés sur le secours divin nous défendions constamment et conservions intègres et inviolables le principat civil de l'Eglise romaine, ses droits et ses possessions temporelles, qui appartiennent à tout l'univers catholique, et afin que nous pourvoyons en même temps à la juste cause des autres princes. » (Voyez *Juris canonici... compendium.* t. II, p. 418 et seq.)

Le 26 mars de la même année 1860, Pie IX édicta la lettre apostolique, *cum catholica eccle-*

sia, par laquelle il excommunie les hommes du gouvernement piémontais et tous ceux qui leur aidèrent à envahir les domaines du Saint Siége. Voici ce qu'il y enseigne : « L'univers entier sait « comment, en ces tristes temps, les plus achar- « nés ennemis de l'Eglise catholique et du Siége « Apostolique, *devenus abominables dans leurs « desseins et parlant hypocritement le mensonge,* « s'efforcent criminellement, foulant aux pieds « les droits divins et humains, de dépouiller ce « siége du principat civil qu'il possède, et cher- « chent à atteindre ce but, non plus comme au- « trefois par une attaque directe et par la force des « armes, mais en répandant avec adresse de faux « et pernicieux principes et en excitant perfide- « ment des mouvements populaires. En effet, ils « ne rougissent pas de conseiller aux peuples une « rebellion criminelle contre les princes légitimes, « rebellion que l'Apôtre condamne clairement et « ouvertement en ces termes : *Que toute âme soit « soumise aux puissances supérieures, etc...,ceux « qui résistent, attirent la condamnation sur eux- « mêmes (1)....,* « A ces machinations perfides et « perverses a pris la principale part le gouverne- « ment subalpin. Tous savent combien de coups « déplorables ont été portés dans ce royaume à « l'Eglise, à ses droits et à ses ministres.... Le « premier indice manifeste de cette agression « s'est révélé au Congrès de Paris en 1856, lors- « que entre autres propositions hostiles, le gou-

(1) Ad Rome XIII.

« vernement subalpin présenta un moyen spé-
« cieux d'amoindrir le domaine civil du Pontife
« romain, et de diminuer l'autorité de ce Pontife
« et du Saint-Siége. Mais lorsque l'année dernière
« la guerre d'Italie éclata entre l'Empereur d'Au-
« triche et l'Empereur des Français, allié au roi
« de Sardaigne, aucune fraude, aucun crime n'a
« été épargné pour pousser de toute manière à une
« révolte criminelle les peuples de notre domina-
« tion pontificale. De là, des émissaires envoyés,
« de l'argent largement répandu, des armes four-
« nies, des excitations au moyen des brochures
« et des journaux, toutes sortes de fraudes em-
« ployées, même par ceux qui, se trouvant à Ro-
« me en qualité d'ambassadeurs de ce royaume,
« ne tenant compte ni du droit des gens, ni de
« l'honneur, abusaient indignement de leur posi-
« tion pour machiner de ténébreux desseins con-
« tre notre gouvernement pontifical. »

« Ensuite, lorsque la sédition, préprarée de lon-
« gue main en secret, eut éclaté dans quelques
« provinces de notre domination, aussitôt des af-
« fidés proclamèrent la dictature royale, et des
« commissaires, appelés plus tard d'un autre
« nom, furent choisis par le gouvernemen su-
« balpin pour administrer ces provinces.... »

«..... Mais (nous le disons avec horreur !) le
« gouvernement piémontais non seulement à mé-
« prisé nos avertissements, nos plaintes et les
« peines ecclésiastiques, mais encore persistant
« dans sa perversité et extorquant contre tout

« droit le suffrage populaire au moyen de l'argent, « des menaces, de la terreur et de toute sorte de « moyens perfides, il n'a pas hésité à envahir les « provinces de nos états dont nous venons de « parler, de les occuper et de les réduire en son « pouvoir et sous sa domination. Les paroles « nous manquent pour flétrir un si grand crime, « qui en renferme plusieurs autres et de considé- « rables. C'est en effet un énorme sacrilége, c'est « la violation des droits d'autrui, au mépris des « lois divines et humaines, c'est le renversement « de toute justice, c'est le renversement et la des- « truction des fondements sur lesquels s'appuient « tout principat civil et toute société humaine. »

Qu'au lieu du Saint-Siége, et du gouvernement subalpin, on lise la monarchie française et la révolution ou les sectes, et, on a l'histoire de la révolution qui règne en France depuis 90, et le jugement que toute saine raison doit en porter.

Par un mandement du 25 décembre 1863, Mgr Bourget, évêque de Montréal, porta à la connaissance des fidèles la condamnation doctrinale de soixante et une propositions relatives aux erreurs du temps présent. Ces soixante et une propositions ont été notées et censurées par un grand nombre d'évêques et de théologiens les plus éminents de Rome. Ces censures et ces notes touchant les erreurs actuelles ont une grande importance quoique le Saint-Siége ne les ait pas encore ratifiées par un acte pontifical. Mais on peut dire qu'elles appartiennent à l'enseignement commun de l'Eglise. Or, voici celles de ces erreurs, avec leurs notes, qui se rapportent à la question que nous traitons :

34. « L'existence d'un pouvoir dans chaque société politique n'est pas nécessaire de droit divin. » — « Destructive du pouvoir politique, hérétique. »

35. « Le précepte énoncé par l'apôtre Saint Paul en ces termes : « Que toute âme soit soumise aux puissances supérieures » n'exprime qu'une obligation transitoire, et ne s'applique ni à toutes les époques, ni à tous les genres de société. » « est hérétique. »

36. « La volonté du peuple ou le suffrage populaire est par elle-même d'une autorité telle qu'elle n'a besoin d'aucune raison pour valider ses actes. » — « en tant qu'elle constitue la volonté du peuple ou le suffrage populaire loi suprême indépendante du droit naturel et divin, est hérétique. »

37. « Les principes par lesquels un monarque quelconque n'est que le premier député du peuple sont identiques avec les principes de la saine théologie. » — « Fausse, injurieuse à la théologie, séditieuse. »

38. « Les principes d'insurrection proclamés en faveur d'événement récents en Italie, concordent avec la doctrine de la saine théologie à l'égard de la Tyrannie. » — « Fausse, injurieuse à la théologie. »

39. « L'institution de la monarchie héréditaire est contraire aux principes du droit naturel et à l'esprit de l'Evangile. » — « Fausse, erronée et voisine de l'hérésie. »

40. « La tradition de l'Eglise catholique renferme un enseignement favorable à la tyrannie, au despotisme. » — « Fausse et hérétique. »

41. « Dans toute société politique, chrétienne-
« ment constituée, il n'y a aucun droit qui n'ait
« son principe et sa source dans le droit illimité
« de l'Etat. » — « Fausse et hérétique. »

42. « La société domestique ou la famille tire seulement de la loi civile la légitimité de son existence. » — Fausse, contraire au droit naturel et divin, et est hérétique en tant qu'on la comprend de la société ou famille chrétienne. »

Les contradictoires de ces erreurs nous donnent la vérité de la doctrine, et établissent ces principes incontestables :

34. L'existence d'un pouvoir dans chaque société politique est nécessaire de droit divin; c'est une vérité de foi.

35. Il est aussi de foi que le précepte énoncé par l'apôtre Saint Paul en ces termes : « Que toute âme soit soumise aux puissances supérieures, » exprime une obligation perpétuelle, et s'applique à toutes les époques, et à tous les genres de société.

36. Il est de foi que « que la volonté du peuple, ou le suffrage populaire, n'a par elle-même aucune autorité, et il est nécessaire qu'elle soit conforme au droit naturel et divin pour que ses actes soient valides.

37. Les principes par lesquels un monarque quelconque ne serait que le premier député du peuple sont contraires aux principes de la saine théologie, qui enseigne que les monarques légitimes sont les délégués et les ministres de Dieu, auxquels les peuples sont soumis et doivent obéir à cause de Dieu.

38. Les principes d'insurrection, proclamés en faveur d'événements récents en Italie, sont opposés à la saine théologie à l'égard de la tyrannie, et ces principes d'insurrection sont au contraire ceux qui établissent et soutiennent la tyrannie.

39. C'est une vérité certaine et voisine de la foi que « l'institution de la monarchie héréditaire est conforme aux principes du droit naturel et à l'esprit de l'évangile. »

40. Il est vrai de foi que la tradition de l'église catholique condamne la tyrannie ou le despotisme.

41. C'est une vérité de foi que dans toute société politique, chrétiennement constituée, il n'y a aucun droit qui n'ait son principe et sa source dans la loi éternelle dont la loi naturelle est une participation, ou dans la loi divine positive, c'est-à-dire

en Dieu seul législateur, suprême auteur et source de tous les droits des gouvernants comme des gouvernés et qui les règle et les limite tous.

42. La société domestique ou la famille est créée et instituée immédiatement de Dieu, elle existe de droit naturel et divin avant toute loi civile, et quand elle est formée par le lien sacramentel de l'Eglise il est de foi qu'elle tire la légitimité de son existence uniquement de l'institution divine du sacrement, et nullement de la loi civile qui ne saurait avoir aucun pouvoir sur ce que Dieu a directement établi et institué.

---

§ VIII. *Conclusions.*

De graves conclusions découlent de ces enseignements et spécialement des déclarations et définitions du Saint-Siége apostolique, qui est l'interprète infaillible de la vérité divine, auquel tout chrétien doit soumettre son intelligence et sa raison en rejetant toutes celles de ses pensées et de ses opinions qui ne seraient pas conformes à la doctrine de ce Saint-Siége.

1° Une première conclusion, c'est que tous les textes que nous avons cités du Saint-Siége, ordonnent et prêchent la soumission parfaite aux pouvoirs légitimes, parcequ'ils viennent de Dieu et qu'ils sont les ministres de Dieu pour gouverner les peuples.

2° Tous entendent et interprètent les textes de Saint Pierre et de Saint Paul, relatifs au pouvoir des rois et des autres chefs d'états, dans le sens direct, signifiant que Dieu auteur de la nature délègue immédiatement son pouvoir à ceux qui l'exercent légitimement. Ils ne parlent du suffrage populaire que pour en flétrir les abus et la perversité.

Mais afin de mieux saisir et comprendre toute la portée de ces enseignements des pontifes romains, nous devons en placer les conclusions à la suite du résumé de la doctrine des théologiens. En reliant ensemble ces conclusions qui sont l'enseignement de l'Eglise, nous ne pouvons nous défendre de penser que si saint Thomas, Suarez et les autres du même sentiment quant à la transmission du pouvoir, avaient vécu à notre époque et en présence des enseignements de l'Eglise postérieurs à leur temps, ils auraient modifié avec plus de précaution leur exposition dans plus d'un terme, non dans le fond de leur doctrine, qui demeure vraie et corroborée par l'autorité infaillible du Saint-Siége. Mais pour avoir cette vraie doctrine de Saint Thomas et de Suarez, etc, il faut la prendre dans l'enchaînement logique de leur exposition, et non dans quelques propositions isolées de l'ensemble ; ces propositions en effet ne sont plus expliquées par celles qui les précèdent et qui les suivent, et dès lors elles ne sont plus comprises dans leur véritable sens. C'est ainsi que des lecteurs superficiels ont prétendu trouver dans quelques propositions mal comprises de

Saint Thomas et de Suarez, l'hérésie de la souveraineté du peuple, tandisque ces grands docteurs, enseignent tout le contraire, comme nous l'avons prouvé par l'ensemble logique de leur doctrine.

Réunissons donc sous un même coup d'œil les principales conclusions que nous avons démontrées dans ce rapide exposé.

1° Pour Saint Thomas, comme pour toute la tradition catholique, fondée sur l'enseignement divin et sur le droit naturel, il n'y a point de pouvoir légitime, s'il ne vient de Dieu, et auquel on doive obéissance dans le for de la conscience, s'il ne commande conformément à la loi de justice éternelle.

Le pouvoir civil ne vient point de la volonté des hommes, mais il est une propriété naturelle de toute société parfaite, et vient du créateur qui a fait l'homme pour la société. C'est la conclusion de Suarez.

Tout pouvoir civil légitimement établi est, dans l'ordre naturel, le ministre du suprême créateur, pour déclarer, proposer, expliquer et appliquer à ses sujets la loi et ses conséquences qui existent en Dieu, seul législateur suprême, duquel toute loi tire sa force obligatoire, et auquel les gouvernants comme les gouvernés sont nécessairement soumis. Tout pouvoir civil exerce donc l'autorité divine de l'ordre naturel au même titre que le père de famille; c'est pourquoi, dit admirablement Saint Thomas, ce pouvoir ne s'étend point à faire des lois contraires aux lois de Dieu et de l'Église, ni injustes envers les sujets, puisqu'en effet cela ne peut être contenu dans la loi éternelle, dont le pouvoir civil n'est que l'interprête.

2° Mais le mode d'exercice de ce pouvoir, supérieur et qui s'impose nécessairement à toute société humaine parfaite, dépend de l'arbître humain ; ce mode est par conséquent laissé en principe à la volonté de la nation. C'est le senti- commun.

Quant à la collation et à l'exercice du pouvoir civil, il y a, selon Suarez, deux principales opinions entre les théologiens. La première opinion tient que le pouvoir civil découle prochainement ou d'une manière éloignée du peuple ou de la communauté dans ceux qui l'exercent. C'était le sentiment le plus commun du temps de Suarez, mais il serait difficilement soutenable aujourd'hui après la condamnation du contrat social, et les autres définitions de l'Eglise.

La seconde opinion tient que le pouvoir est de droit divin et donné de Dieu à ceux qui l'exercent, supposée l'élection des hommes. Cette dernière opinion paraît aujourd'hui la plus facile à concilier avec les enseignements de l'Eglise et même des anciens docteurs.

En effet le droit d'élire ses princes ou magistrats et de leur déléguer la souveraineté n'appartient point au peuple de droit naturel, puisque selon Saint Augustin et Saint Thomas, si le peuple abuse, par la vénalité de son suffrage, du droit d'élection qui lui a été concédé, il doit lui être enlevé; parceque le peuple est nécessairement soumis à la loi et à l'autorité de Dieu, et son pouvoir, pas plus que celui d'un prince, ne s'étend à l'injustice, à la perturbation, à la violation de la loi naturelle et divine, comme le dit élégamment Saint Thomas.

De plus il est défini par le concile œcuménique de Constance que dans aucun cas le peuple ne peut juger, ni corriger, ni à plus forte raison déposer son roi, son prince légitime, qui est, selon l'Esprit-Saint, le ministre de Dieu et non du peuple. Ce jugement n'appartient qu'à Dieu et à son vicaire.

Ce qui prouve encore plus que le pouvoir civil ne vient point du peuple, c'est que selon la définition d'Alexandre VII, le consentement et l'acceptation du peuple ne sont nullement nécessaires pour rendre obligatoire une loi juste d'ailleurs. Donc le pouvoir de faire les lois ne vient pas du peuple.

3° Enfin la souveraineté du peuple est une hérésie formellement condamnée dans le contrat social de J. J. Rousseau par Clément XIII, dans son décret du 16 juin 1766. Voir les 34, 35 et 36 propositions de Mgr Bourget ci-dessus.

La souveraineté nationale, qui aboutit à la souveraineté de l'individu décrétée équivalemment par l'Assemblée nationale de 1790, est condamnée et solidement refutée par le bref dogmatique de Pie VI aux évêques de cette assemblée. Partant de ce principe incontestable que tous et chacun des hommes doivent au Créateur suprême l'existence et tout ce qu'ils possèdent, qu'ils doivent tout lui rapporter: qu'en second lieu tous les hommes ont besoin les uns des autres, et que pour cela même il est nécessaire qu'ils soient soumis, dit l'apôtre, il en conclut la nécessité d'un gouvernement et avec Saint Augustin que « *generale quippe pactum est societatis humanæ obedire regibus (1)* » *quapropter hæc potestas non tam a sociali contractu, quam ab ipso Deo recti justique auctore repetenda est.* « La société humaine n'est autre chose qu'une convention générale d'obéir aux rois. » C'est pourquoi ce n'est pas tant du contrat social, que de Dieu lui-même auteur de tout bien et de toute justice que le pouvoir des rois tire son origine et sa force, ce que confirme l'apôtre, etc., « et avec le concile de Tours nous devons appliquer à son enseignement « que celui qui prêchera le contraire, soit anathême. » La souveraineté nationale est donc une hérésie; la nation est en effet nécessairement soumise à la loi et à la souveraineté de Dieu, sous peine de périr.

4° Les pontifes dont nous avons cités les actes, déclarent que les lois divines et humaines commandent l'obéissance et la fidélité aux princes légitimes, et qu'elles condamnent la révolte, la sédition, et toutes les machinations honteuses pour

(1) L. III confession. C. 8.

les précipiter du trône. Ils ordonnent d'obéir aux princes légitimes, qui même se rendraient coupables de tyrannie, non en ce qu'ils pourraient commander de contraire aux lois de Dieu et de l'Eglise, car en cela on doit leur refuser l'obéissance, mais en tout ce qu'ils commandent par ailleurs de juste et d'utile au bien public. Ce qui est conforme aux définitions dogmatiques des conciles, en particulier de celui de Constance, condamnant cette proposition hérétique, qui est la 15e de Wiclef et la 30e de Jean Hus, ainsi conçue : *Nullus est dominus civilis, nullus est prœlatus, nullus est episcopus, dum est in peccato mortali.* Cette hérésie avait déjà été condamnée chez les Vaudois par Innocent III, chez les Fratricelles par Jean XXII. C'est qu'en effet les crimes et les péchés des hommes constitués en autorité ne les empêchent pas d'être, quoiqu'indignes, les ministres de l'autorité de Dieu à qui les péchés de ses ministres ne peuvent dispenser les autres hommes d'obéir.

Grégoire XVI, en particulier, donne les exemples de soumission inviolable des premiers chrétiens à des princes persécuteurs jusqu'à la mort injuste de leurs sujets, comme une conséquence nécessaire des saints préceptes de la religion. Il y trouve la condamnation de ceux qui, comme le journal l'*Avenir*, prétendent que les sujets peuvent se révolter contre les princes légitimes qui gouvernent tyranniquement, et il assimile cette erreur aux coupables rêveries des Vaudois, des Béguards, des Wicléfites et de Luther.

La doctrine catholique est donc lumineuse comme le soleil, et nous devons conclure avec la LX proposition du Syllabus que « c'est une impudente témérité de dire que l'autorité, ou la souveraineté réside dans le peuple, qui est le nombre et la force matérielle. Le peuple n'est donc point souverain, ni la source d'aucun pouvoir; il ne confère aucune autorité.

Et la LXIII proposition du Syllabus définit qu'il n'est point permis de refuser l'obéissance aux princes légitimes commandant selon la justice, et qu'il n'est jamais permis de se révolter contre eux. »

Dans l'explication de cette proposition, l'encyclique *Nostis et Nobiscum*, déclare « qu'il est es-
« sentiel à la nature même de la société humaine
« que, tous obéissent à l'autorité légitimement
« constituée dans cette société : *pertinere omni-*
« *no ad naturam ipsam humanæ societatis, ut*
« *omnes auctoritati obtemperare debeant legitime*
« *in illa constitutæ*; et que rien ne peut être chan-
« gé dans les préceptes du Seigneur, qui sont
« énoncés dans les lettres sacrées sur ce sujet,
« car il est écrit : *Soyez soumis pour l'amour de*
« *Dieu* (de qui vient le pouvoir et la loi).... et
« encore: *que tout âme soit soumise.... car il n'y a*
« *point de puissance, si ce n'est de Dieu.. (N. B.)*
« *Soyez soumis par la nécessité.* » Voilà la véritable interprétation de l'enseignement divin par l'autorité du vicaire de Dieu, de l'organe du Saint-Esprit, devant laquelle tout autre interprétation

n'a plus de valeur et doit disparaître; or, d'après cette interprétation authentique de l'autorité divine, ce qui est essentiel à la nature même de la société humaine, ce sans quoi elle ne peut subsister, c'est l'obéissance à l'autorité légitimement constituée, c'est-à-dire établie selon la loi de Dieu, source de toute autorité. La société est nécessairement soumise à l'autorité de Dieu, cela ne vient pas d'elle, ni de son libre choix ; cette soumission est une nécessité de son existence, à laquelle elle ne peut échapper, sans périr. C'est pourquoi il lui est essentiel non d'être souveraine, non d'être la source du pouvoir, mais d'obéir, *d'être soumise par nécessité à cause de Dieu*, de qui vient le pouvoir légitime.

C'est pourquoi l'encyclique, *cum catholica ecclesia* confirmant la doctrine catholique, déclare criminelle la rébellion des peuples contre les princes légitimes, rébellion que l'Apôtre condamne clairement et ouvertement en ces termes : *que toute âme soit soumise aux puissances supérieures.... Ceux qui résistent attirent la condamnation sur eux-mêmes. Rom. XIII.* Donc, même dans le cas de souverains légitimes qui gouverneraient tyranniquement, si la résistance et le refus d'obéissance sont un devoir quand il s'agit d'ordres contraires aux lois de Dieu et de l'Eglise, la révolte et la sédition ne sont jamais permises aux sujets. Il n'y a que deux moyens de sortir de cet état de persécution et d'oppression de la part d'un souverain légitime.

Le premier moyen consiste à en appeler au tribunal du Souverain Pontife, qui est établi de Dieu pour juger du péché et des injustices des souverains comme des autres chrétiens. Cette vérité appartient à la doctrine de foi. constit. *unam sanctam*, de Bonif. VIII, confirmée par le concile œcuménique V de Latran. et decretal. L. II. Tit. I. C. 13 *Novit*, dans lequel Innocent III définit cette vérité de la manière la plus explicite et la plus expresse. — Chez les nations qui ne reconnaissent pas ce tribunal, il y aurait l'arbitrage d'un tiers accepté par le pouvoir et par la nation, parceque de droit naturel nul ne peut être juge et partie, nul ne peut être juge en sa propre cause.

Mais cette voie d'arbitrage est rarement suivie pour ne pas dire jamais; reste le second moyen, qui appartient au tribunal de Dieu lui-même; dans sa justice il aveugle Pharaon, endurcit son cœur et celui de son peuple, et il les conduit ainsi à leur ruine. Souvent aussi il permet l'aveuglement des peuples contre leurs gouvernements, ou bien il livre ceux-ci aux sociétés sataniques qui les poussent à la tyrannie, les déshonorent et puis les renversent dans l'ignominie; c'est alors satan que Dieu force à exécuter ses hautes justices. Mais plus souvent encore, pour punir les peuples qui se révoltent contre leurs princes légitimes et justes, Dieu les livre à une succession de tyrans et de gouvernements d'aventures, instruments criminels de satan qui les épuisent et les châtient jusqu'à la destruction s'ils ne se convertissent.

5° D'après toutes les conclusions précédentes et conformément au droit naturel et à la saine doctrine, nous devons conclure avec l'encyclique, *Nullis certe verbis,* que les droits des souverains légitimes et conséquemment les droits du principat civil du Saint-Siége, sont fondés sur la justice éternelle. Et le Saint-Siége, ni les princes légitimes ne peuvent abdiquer leurs droits devant la rébellion et l'usurpation tyrannique sans injustice envers leurs sujets fidèles, et pour le Saint-Siége, envers tous les catholiques, et sans infirmer les droits de tous les princes de l'univers chrétien.

La lettre apostolique, *cum catholica ecclesia,* confirme la même doctrine, et ces deux actes pontificaux déclarent et prouvent que les agitations et les troubles de la sédition ne peuvent être une cause de diminuer ou d'abdiquer la domination civile.

Or c'est un fait notoire et public que depuis 1789 jusqu'à ce jour, toutes les révolutions qui ont boulversé les nations catholiques d'Europe, qui ont spolié l'Église, détrôné les rois légitimes, n'ont été accomplies que par les conspirations occultes, les machinations perverses des sociétés secrètes et par les séditions qu'elles ont suscitées, fomentées et payées partout. C'est le crime antisocial dont les accusent trop véridiquement toutes les encycliques par lesquelles les souverains pontifs les condamnent et les anathématisent. Le fait est du reste constaté authentiquement par Pie IX dans son allocution consistoriale du 9 décembre

1854 : c'est à ces hommes des sociétés secrètes « qu'il faut, dit-il, attribuer l'atrocité des forfaits commis principalement dans le siècle précédent, et qu'on ne peut rappeler sans frémir.»

Le plus antisocial de ces forfaits fut la violation des lois fondamentales du royaume de France.

C'est ainsi qu'il fut jugé par le chef de la société chrétienne, le juge suprême des rois et des peuples, Pie VI, dans son allocution consistoriale du 17 juin 1793: « ô France que les Pontifes nos « prédécesseurs appelaient le modèle de la chré- « tienté et le soutien de la foi, toi qui, loin de « suivre l'exemple des autres nations, mettais « toute ta confiance dans la foi chrétienne, qui est « le rempart le plus solide et le plus puissant sou- « tien des empires, tu es en ce moment une per- « sécutrice implacable et furieuse. Par les lois « fondamentales du royaume (voir note A) tu de- « mandais un roi catholique, tu le possédais, et, « parce qu'il était tel que ces lois le réclamaient, « tu l'as assassiné, et dans ta rage contre son « cadavre lui-même, tu l'as abandonné à une « sépulture sans honneur. » — Par ce crime furent violées toutes les lois divines et humaines, et par conséquent la nation perdait tout droit à se constituer un gouvernement qui fût légitime, elle ne pouvait que pourvoir à sa conservation en se donnant ou subissant des gouvernements provisoires; ce qu'elle a fait et continue à faire.

Pie VII a également constaté l'action des sociétés secrètes dans les révolutions dont nous parlons.

Dans sa Bulle d'excommunication de Bonaparte, premier empereur des Français, *cum memoranda illa die* du 10 juin 1809, il s'exprime ainsi : « Nous « vîmes bien que l'on réchauffait, que l'on faisait « renaître et qu'on arrachait aux ténèbres les pro« jets d'impiétés qui paraissaient, sinon supri« més, au moins assoupis, les projets d'astuce « de ces hommes qui, trompés et trompeurs, in« troduisant des sectes de perdition par une phi« losophie vaine et fallacieuse *(Coloss. II, 8,)* « machinent depuis longtemps, dans une conju« ration directe, la ruine de la très-sainte reli« gion. » Et plus loin parmi les nombreux forfaits commis à Rome même, il énumère celui « des « jeunes gens imprudents et d'autres citoyens, « invités à des réunions secrètes, prohibées sé« vèrement aux termes des lois civiles et des lois « ecclésiastiques sous peine d'anathême, portées « par nos prédécesseurs Clément XII et Benoît « XIV, et là agrégés et inscrits... » voilà l'organisation renouvelée de la Franc-maçonnerie et la création du carbonarisme attribuées à Napoléon premier. Ce que confirme le même Pie VII dans sa lettre apostolique, *Ecclesiam a Jesu Christo* du 13 septembre 1821 pour condamner et anathématiser les *carbonari* et toutes les autres sociétés secrètes. Il y expose les doctrines perverses de cette société, et il conclut : « De là ces attentats commis dernièrement en Italie par les *carbonari*, attentats qui ont tant affligé les hommes honnêtes et pieux. »

Léon XII, dans sa lettre apostolique du 13 mars

1826 contre les sociétés secrètes confirme la grave accusation de Pie VII contre Napoléon premier, en ces termes : « Les *Francs-maçons* ont donné « naissance à des réunions plus dangereuses en- « core et plus audacieuses. — On doit placer à « leur tête celle des *carbonari*, qui paraîtrait les « renfermer toutes dans son sein, et qui est la « plus considérable en Italie et dans quelques au- « tres pays. Divisée en différentes branches et « sous des noms divers, elle a osé entreprendre « de combattre la religion catholique et de lutter « contre l'autorité légitime. Ce fut pour délivrer « l'Italie, et spécialement les états du souverain « Pontife, de ce fléau qui avait été apporté par des « étrangers *(Bonaparte et les siens)* dans le temps « où l'autorité pontificale était entravée par l'in- « vasion, que Pie VII, notre prédécesseur d'heu- « reuse mémoire, publia une Bulle, le 13 sep- « tembre 1821, commençant par ces mots : *Ec- « clesiam a Jesu Christo....* »

Voilà donc dévoilés par des actes juridiques du suprême tribunal du vicaire de Dieu, les moyens et les machinations qui préparèrent et qui firent les usurpations de pouvoir de Bonaparte ; c'est par les sociétés secrètes, dont il fut le réorganisateur sur le plan d'alors, qu'il s'éleva d'échelons en échelons jusqu'à la domination la plus tyrannique de l'Europe presqu'entière. Ses agissements sont condamnés par les sentences réitérées pleinement libres et mûrement réfléchies du tribunal au-dessus duquel il n'y en a point d'autre sur la terre. Il n'a donc pu acquérir aucuns droits, ni la possession légitime d'aucun pouvoir gouvernemental. Son règne n'a été qu'un acte de trames séditieuses, de machinations des sociétés secrètes contre l'Eglise et la France catholique. Il n'a rien acquis et n'a pu rien transmettre.

Pour combattre les seuls vrais principes de la justice, les seules vraies doctrines catholiques sur l'origine et la transmission du pouvoir civil, on a objecté le sacre de Napoléon I par son captif Pie VII. La réponse est péremptoire. D'abord ce sacre n'a pu conférer et n'a point conféré à Napoléon I un pouvoir qu'il n'appartient point au Pape de donner (cap. 13 *Novit*, decretal. L. II. Tit. I) et cap. 2 *Meruit* extravag. com. L. V. Tit. VII, etc. Et Pie VI dans son bref aux évêques de l'Assemblée nationale. Le Pape est juge des droits et de leur violation, des différends entre les peuples et leurs princes ; mais il n'est point la source, ni le distributeur des pouvoirs civils. Néanmoins il en est le consécrateur dans ceux qui les possèdent. Dans le cas de Napoléon, Pie VII ne fut point appelé à juger ; il fut amené prisonnier et on exigea de lui une consécration, qui, en elle-même, est toujours sainte et sanctifie ce qui est sanctifiable. Il était d'ailleurs dans l'intérêt de la nation française d'avoir alors le moyen de conservation dans un pouvoir de fait qui, bien qu'usurpateur, venait de la relever du sang et du carnage de la tyrannie des multitudes ; et ce pouvoir alors conservateur pouvait recevoir la consécration de l'Eglise pour accomplir sa rude tâche. Mais cette consécration ne lui conférait aucun droit pas plus que les actes les plus favorables et les plus libres du Saint-Siége envers les gouvernements de fait, ou autres, ne leur confèrent aucuns droits et n'en enlèvent aucuns à ceux qui en possèdent légitimement. C'est ce qui était déjà statué et expliqué par Clément V dans le concile œcuménique de Vienne où il « déclara, par une prudente et très-salutaire constitution, que si le Souverain Pontife qualifiait et honorait quelqu'un d'un titre d'une dignité quelconque, soit de sa science certaine, soit de vive voix; soit dans une constitution, soit dans des lettres, ou de *toute autre manière*, il n'entendait point par là le confirmer dans cette dignité, ou lui accorder aucun droit nouveau. C'est ce que déclarèrent et promulguèrent ensuite successivement, Jean XXII, Pie II, Sixte IV, Clément XI, et plus tard Grégoire XVI, qui les résume tous dans sa constitution *Sollicitudo Ecclesiarum*, publiée, le 5 août 1831, à l'occasion de la révolution française de 1830. Le sacre de Napoléon I par Pie VII ne lui conféra donc aucun pouvoir, aucun droit.

Mais la lettre apostolique *cum memoranda illa die* établit que selon les principes de la loi de justice immuable, ses agissements et ceux des sociétés secrètes n'ont pu permettre à Napoléon I d'acquérir aucun droit, aucun pouvoir légitime dans l'ordre civil. Et c'est ici un jugement solennel, et une sentence qui priverait d'ailleurs Napoléon I de son pouvoir politique sur la France, s'il en avait eu un légitime ; parceque comme l'avait proclamé Pie VI, les lois fondamentales de la constitution française veulent un souverain catholique et non un excommunié. Après cette réponse à une objection spécieuse et asssz fréquente, nous revenons à notre conclusion, à savoir, que les révolutions accomplies chez les nations catholiques d'Europe, depuis 1789, n'ont conféré aucun pouvoir légitime, aucun droit ni aux peuples ni aux gouvernements issus de ces révolutions.

6° Les troubles, les séditions et les usurpations criminelles, par lesquels un souverain légitime est détrôné, sont une injustice qui ne saurait dépouiller ce souverain ni ses successeurs légitimes de leurs droits, ni exempter leurs peuples de rentrer sous leur obéissance et de leur restituer leurs droits légitimes. Car c'est un principe de droit naturel, promulgué par l'autorité divine de l'Eglise, que ce qui a été fait par fraude, ou par violence, ou de toute autre manière illicite, ne peut avoir aucune stabilité. Decretal. l. V, tit. 41. *De regulis jur. c. 5,* Et encore : « Le possesseur de mauvaise « foi ne prescrit par aucun temps quelqu'en soit « la longue durée; car la longueur du temps ne « peut affermir ce qui dès le principe ne subsiste « point en droit. Et enfin, le péché n'est point re- « mis, si ce qui a été enlevé n'est restitué. » Sext. Decretal. l. V, tit. 12, de reg. jur. c. 2, 3 et 18. Et voilà pourquoi les nations, qui doivent subir leur châtiment en ce monde, sont punies de la violation de ces lois, car la justice élève les nations, et le péché fait les peuples malheureux, dit l'Esprit-Saint, prov. XIV, 34.

Et de plus la nation qui est dans ce cas ne peut évidemment transmettre aux divers gouvernements qu'elle se donnerait, par elle-même ou par ses mandataires, des droits qu'elle n'a pas : c'est un axiome vulgaire, consacré par la 79e règle du droit, dans le sexte : *nemo potest plus juris transferre in alium, quam sibi competere dignoscatur.* Et tous les mandataires de cette nation qui l'empêchent de rentrer dans l'ordre de la justice et du droit envers ses légitimes princes, continuent à violer la justice éternelle et ils attirent de plus en plus sur cette nation la vindicte terrible du juge qui est miséricordieux et patient, mais qui ne peut laisser impunie la violation de sa loi et le mépris de son souverain pouvoir. Ils rendront compte de leur crime au tribunal qui juge pour l'éternité.

FIN.

NOTE A. — Non seulement la constitution de la France voulait un roi catholique, mais Dieu avait pris soin de diriger et de sanctionner cette constitution, et il l'a souvent approuvée et consacrée par l'autorité de ses vicaires. Ainsi le Pape Etienne, dans une lettre à Pépin le Bref, dit ces paroles : « Selon la promesse reçue de Notre Seigneur et Rédempteur, je distingue le peuple des Français entre toutes les nations. » Grégoire IX écrivait à Saint Louis en ces termes : « Le fils de « Dieu, souverain Maître du monde, a établi sur « la terre tous les royaumes ! Mais, comme autre- « fois entre les tribus d'Israël, la tribu de Juda « reçut des privilèges tout particuliers : ainsi le « royaume de France a été distingué entre tous « les peuples de la terre par un privilége d'honneur « et de grâce. Lorsque cette tribu qui figurait le « royaume de France, combattait pour le Seigneur « elle terrifiait toujours les bataillons ennemis, « et les foulait aux pieds : de même le royaume « de France a toujours combattu les combats du « Seigneur pour accroître la foi catholique, défen- « dre la cause de Dieu en Orient et en Occident, « et dompter les ennemis de l'Eglise. Comme la « tribu de Juda n'imita jamais les autres dans « leur apostasie, de même le royaume de France « ne put jamais être ébranlé dans son dévouement « à Dieu et à l'Eglise ; bien plus, rois et peuple « n'ont pas hésité à verser leur sang pour la con- « servation de la foi. Il est donc manifeste, que « ce royaume béni de Dieu a été choisi par notre « Rédempteur pour être l'exécuteur spécial de ses « divines volontés. Jésus-Christ l'a pris en sa

« possession *comme un carquois, d'où il tire* « *fréquemment des flèches choisies*, (Isaie, 49, 2), « qu'il lance avec la force irrésistible de son bras « pour la protection de la liberté et de la foi de « l'Eglise, le châtiment des impies et la défense « de la justice. Aussi tous nos saints prédéces- « seurs, dans leur détresse, n'ont pas manqué de « réclamer le secours que les rois de France ne « leur ont jamais refusé. »

Le grand Pape Innocent III, dans une décrétale qui porte jugement contre Philippe roi de France en faveur du roi d'Angleterre, décrétale qui fait partie du corps du droit canonique, écrivait en l'an 1200, aux prélats constitués en France : « Celui « qui scrute les cœurs et qui en connaît les secrets « sait que nous aimons d'un cœur pur et d'une « bonne conscience et d'une foi sincère, (I, Tim. I, « 5). Notre très-cher fils dans le Christ, Philippe « illustre roi des Francs, et que nous aspirons « efficacement à son honneur, à son progrès et à « son accroissement, considérant l'exaltation du « royaume des Français comme l'élévation du « Siége Apostolique, puisque ce royaume béni de « Dieu a toujours persévéré dans sa dévotion, et « il ne doit jamais, en aucun temps, comme « nous le croyons, renoncer à cette dévotion en- « vers Dieu : parce que bien que par fois d'un « côté et de l'autre les mauvais anges lancent « contre lui leurs émissaires, nous, cependant qui « n'ignorons point les ruses de satan, nous nous « appliquerons à éviter ses piéges, croyant que le « roi lui-même ne se laissera pas séduire par ses « tromperies. » Décrétal. L. II, tit. I, c. 13. *Novit.*

NOTE B.

Sur l'Epître de S. Paul aux Romains, ch. XIII.

PARAPHRASE.

Texte de Picquigny.

V. 1. Omnis anima Deo fidelis et subdita, principibus et omnibus, publicâ dignitate præditis etiam subjiciatur, quia scilicet à Deo instituta est publica potestas, et à Deo est ordo, et distinctio potestatis.

2. Proinde, qui legitimæ potestati, suo munere fungenti, resistit, is Deo ipsi resistit, à quo est ejus auctoritas; et consequenter pœnas à Deo luet æternas.

Français de Picquigny.

V. 1. « Que toute personne fidèle et soumise à Dieu, soit aussi soumise aux princes et aux puissances supérieures, puisqu'il n'y a point de puissance qui ne soit établie de Dieu, et que c'est lui qui a mis l'ordre et la distinction dans toutes celles qui sont dans le monde : »

2. « Et, par conséquent, qui résiste à une puissance légitime, résiste à l'ordre de Dieu, de qui elle tire son autorité; et cette résistance sera éternellement punie de Dieu. »

COMMENTAIRE.

V. 1... *Quæ autem sunt. Graec.: quæ autem existentes potestates; Syr.: et quotquot sunt potestates, à Deo sunt ordinatæ* : idest, non solum potestas in genere, sed et variæ species potestatis, seu gradus superiores et inferiores a Deo sunt ordinatæ...

NOTA. Post. D. Chrysostomum et post D. Thomam, quod omnis potestas in se considerata, a Deo quidem est, et a Deo ordinata. Non tamen omnis ad potestatem ingressus, nec omnis potestatis usus. Licet autem quis suâ abuteretur potestate, dummodo legitime creatus sit, suam habet a Deo potestatem.

V. 2. A Deo est potestas : ergo potestati debetur honor, non tantum exterior, sed et interior , ut Dei vicario, seu imagini... A Deo sunt principes et superiores, etiam non boni, legitime tamen creati ; ergò et ipsis parendum ; honòr ipsis exhibendus ; non attendendum ad illarum personas aut defectus, sed ad potestatem quam habent a Deo.

V. 2. « La puissance légitime vient de Dieu : donc on lui doit un honeur non-seulement extérieur, mais aussi intérieur, comme à l'image de Dieu... les princes et les supérieurs, même méchants, mais légitimement créés, sont de Dieu: donc il faut leur obéir, et il les faut honorer par rapport à la puissance qu'ils ont de Dieu, sans avoir égard à leurs vices.»

TABLE

OUVRAGE DU MÊME AUTEUR :

1° DIEU, L'HOMME ET LE MONDE, connus par les trois premiers chapitres de la Genèse ; — cours des sciences physiques et naturelles en rapport avec la théologie, professé à la Sorbonne, etc. 3 volumes, in-8. . . . . 18 f. »

2° L'ÉGLISE ET LES LOIS ÉTERNELLES des sociétés humaines. 1 vol. in-8. . . . . 6 f. »

3° LE FUTUR CONCILE, traité théologique et canonique. 1 vol. in-8. . . . . 3 f. 50

4° DEVOIRS DES CHRÉTIENS devant l'infaillibilité doctrinale du Pontife Romain, prouvée par la pratique et la tradition perpétuelle depuis les temps Apostoliques et définie par le saint concile œcuménique du Vatican. 2 vol. in-8. . . 12 f. 50

Le premier volume, tout français, contenant les décrets textuels du concile et leur justification par la tradition, se vend séparément. . . . . 5 f. »

Le second est le recueil complet de tout ce que les saints Pères et docteurs, les conciles de tous les siècles de l'Église grecque et latine ont écrit, déclaré et défini touchant l'autorité et tous les pouvoirs et prérogatives du Pape.

5° LE TRIOMPHE DE L'ÉGLISE au concile du Vatican. 1 vol. in-12. . . . . 3 f. 50

C'est la traduction de l'italien des lettres pastorales de nos seigneurs Louis Filippi, évêque d'Aquila, et Barthélemy d'Avanzo, évêque de Calvi et Téano, préparant le concile et en expliquant les décrets.

Tous ces ouvrages sont honorés de brefs du Souverain Pontife.

On les trouve chez l'auteur à Lamballe (Côtes-du-Nord), chez les libraires Poussielgue, rue Cassette, 27, Paris.

SOUS PRESSE

LE SYLLABUS, commentaire théologique et canonique ; — réfutation des erreurs qu'il condamne.